全国计算机技术与软件专业技术资格(水平)考试指定用书

系统规划与管理师
2017至2021年试题分析与解答

计算机技术与软件专业技术资格考试研究部 主编

清华大学出版社
北京

内 容 简 介

系统规划与管理师级考试是全国计算机技术与软件专业技术资格（水平）考试的高级职称考试，是历年各级考试报名的热点之一。本书汇集了从2017至2021年的所有试题和权威解析，欲参加考试的考生读懂本书的内容后，将会更加深入地理解考试的出题思路，发现自己的知识薄弱点，使学习更加有的放矢，对增强通过考试的信心会有极大的帮助。

本书适合参加系统规划与管理师考试的考生备考使用。

本书扉页为防伪页，封面贴有清华大学出版社防伪标签，无标签者不得销售。
版权所有，侵权必究。举报：010-62782989，beiqinquan@tup.tsinghua.edu.cn。

图书在版编目（CIP）数据

系统规划与管理师2017至2021年试题分析与解答/计算机技术与软件专业技术资格考试研究部主编.—北京：清华大学出版社，2022.7（2024.6重印）
全国计算机技术与软件专业技术资格（水平）考试指定用书
ISBN 978-7-302-61326-8

Ⅰ.①系⋯ Ⅱ.①计⋯ Ⅲ.①信息系统－项目管理－资格考试－题解 Ⅳ.①G203-44

中国版本图书馆CIP数据核字(2022)第122358号

责任编辑：杨如林
封面设计：杨玉兰
责任校对：徐俊伟
责任印制：丛怀宇

出版发行：清华大学出版社
    网　　址：https://www.tup.com.cn, https://www.wqxuetang.com
    地　　址：北京清华大学学研大厦A座　　邮　　编：100084
    社 总 机：010-83470000　　邮　　购：010-62786544
    投稿与读者服务：010-62776969, c-service@tup.tsinghua.edu.cn
    质量反馈：010-62772015, zhiliang@tup.tsinghua.edu.cn
印 装 者：三河市龙大印装有限公司
经　　销：全国新华书店
开　　本：185mm×230mm　　印　　张：12.5　　防伪页：1　　字　　数：282千字
版　　次：2022年8月第1版　　印　　次：2024年6月第4次印刷
定　　价：49.00元

产品编号：098384-01

前　言

根据国家有关的政策性文件，全国计算机技术与软件专业技术资格（水平）考试（以下简称"计算机软件考试"）已经成为计算机软件、计算机网络、计算机应用、信息系统、信息服务领域高级工程师、工程师、助理工程师、技术员的国家职业资格和专业技术水平考试。而且，根据信息技术人才年轻化的特点和要求，报考此类资格考试不限学历与资历条件，旨在不拘一格选拔人才。目前，软件设计师、程序员、网络工程师、数据库系统工程师、系统分析师、系统架构设计师和信息系统项目管理师资格的考试标准已经实现了中国与日本互认，程序员和软件设计师资格的考试标准已经实现了中国和韩国互认。

计算机软件考试规模发展迅速，年报考规模达已达百万人次，三十多年来，累计报考人数超过 700 万人。

计算机软件考试已经成为我国著名的 IT 考试品牌，其证书的含金量之高已得到社会的公认。计算机软件考试的有关信息见网站（www.ruankao.org.cn）中的资格考试栏目。

对考生来说，学习历年试题分析与解答是理解考试大纲的最有效、最具体的途径之一。

为帮助考生复习备考，计算机技术与软件专业技术资格考试研究部汇集了系统规划与管理师 2017 至 2019 年的试题分析与解答印刷出版，以便于考生测试自己的水平，发现自己的弱点，学习得更有针对性、更系统。

计算机软件考试的试题质量高，包括了职业岗位所需的各方面的知识和技术，不但包括技术知识，还包括法律法规、标准、专业英语、管理等方面的知识；不但注重广度，而且还有一定的深度；不但要求考生具有扎实的基础知识，还要具有丰富的实践经验。

这历年的试题中，含有一些富有创意的试题，一些与实践结合得很好的佳题，一些具有启发性的试题，具有较高的社会引用率，对学校教师、培训指导者、研究工作者都是很有帮助的。

由于作者水平有限，加之时间仓促，书中难免有错误和疏漏之处，敬请各位专家和读者批评指正，对此，我们将深表感谢。

编　者

2022.8

目 录

第1章 2017下半年系统规划与管理师上午试题分析与解答 1
第2章 2017下半年系统规划与管理师下午试题 I 分析与解答 33
第3章 2017下半年系统规划与管理师下午试题 II 写作要点 40
第4章 2018上半年系统规划与管理师上午试题分析与解答 42
第5章 2018上半年系统规划与管理师下午试题 I 分析与解答 71
第6章 2018上半年系统规划与管理师下午试题 II 写作要点 80
第7章 2019上半年系统规划与管理师上午试题分析与解答 83
第8章 2019上半年系统规划与管理师下午试题 I 分析与解答 110
第9章 2019上半年系统规划与管理师下午试题 II 写作要点 119
第10章 2020下半年系统规划与管理师上午试题分析与解答 122
第11章 2020下半年系统规划与管理师下午试题 I 分析与解答 147
第12章 2020下半年系统规划与管理师下午试题 II 写作要点 154
第13章 2021上半年系统规划与管理师上午试题分析与解答 157
第14章 2021上半年系统规划与管理师下午试题 I 分析与解答 184
第15章 2021上半年系统规划与管理师下午试题 II 写作要点 193

第1章 2017下半年系统规划与管理师上午试题分析与解答

试题（1）

信息反映的是事物或者事件确定的状态，具有客观性、普遍性等特点，由于获取信息满足了人们消除不确定性的需求，因此信息具有价值。信息价值的大小决定于信息的质量，这就要求信息满足一定的质量属性，包括精确性、完整性、可靠性、及时性、经济性、可验证性和安全性。其中，__(1)__ 是指信息的来源、采集方法和传输过程是可信任的。

（1）A．可靠性　　　　B．完整性　　　　C．可验证性　　　D．安全性

试题（1）分析

本题考查信息系统基础知识。

信息的可靠性指信息的来源、采集方法、传输过程是可以信任的，符合预期。

信息的完整性是指事物状态描述的全面程度，完整信息应包括所有重要事实。

信息的可验证性是指信息的主要质量属性可以被证实或证伪的程度。

信息的安全性是指在信息的生命周期中，信息可以被非授权访问的可能性，可能性越低，安全性越高。

参考答案

（1）A

试题（2）

我国提出的两化融合是指 __(2)__ 融合。

（2）A．工业化和农业现代化　　　　B．工业化和自动化
　　　C．工业化和城镇化　　　　　　D．工业化和信息化

试题（2）分析

本题考查信息系统基础知识。

两化融合即工业化和信息化的深度融合，是指电子信息技术广泛应用到工业生产的各个环节，信息化成为工业企业经营管理的常规手段。

参考答案

（2）D

试题（3）

信息标准化是解决"信息孤岛"的重要途径，也是不同的管理信息系统之间数据交换和互操作的基础。作为信息标准化的一项关键技术，__(3)__ 以开放的自我描述方式定义了数据结构，在描述数据内容的同时能突出对结构的描述，从而体现出数据之间的关系。这样组织的数据对于应用程序和用户都是友好的、可操作的。

（3）A．超文本标记语言（HTML）　　B．可扩展标记语言（XML）
　　　C．通用标记语言（GML）　　　D．Web 服务描述语言（WSDL）

试题（3）分析

本题考查信息系统基础知识。

超文本标记语言（HTML）是为创建网页及其他可在浏览器中显示的网页信息而设计的一种标记语言，用来描述超文本，也可用来在一定程度上描述文档的外观和语义。

可扩展标记语言（XML）用于描述数据，是当前处理结构化文档信息的有力工具。用于标记电子文件，是使其具有结构性的标记语言，可以用来标记数据和定义数据类型，是一种允许用户对自己的标记语言进行定义的源语言，XML 与操作系统编程语言的开发平台无关，可以实现不同系统之间的数据交互。

通用标记语言（GML）是一种定义电子文档结构和描述其内容的国际标准语言，是所有电子文档标记语言的起源，早在 Web 发明之前 SGML 就已存在。制定 SGML 的基本思想是把文档的内容与样式分开。

Web 服务描述语言（WSDL）将 Web 服务描述定义为一组服务访问点，客户端可以通过这些服务访问点对包含面向文档信息或面向过程调用的服务进行访问（类似远程过程调用）。

参考答案

（3）B

试题（4）

在计算机系统中，若一个存储单元被访问，这个存储单元有可能很快会再被访问，该特性称为__（4）__。

（4）A．程序局部性　　　　　　B．空间局部性
　　　C．时间局部性　　　　　　D．数据局部性

试题（4）分析

本题考查信息系统基础知识。

局部性原理是指 CPU 访问存储器时，无论是存取指令还是存取数据，所访问的存储单元都趋于聚集在一个较小的连续区域中。

时间局部性（Temporal Locality）是指如果一个信息项（存储单元）正在被访问，那么在近期它很可能还会被再次访问。程序循环、堆栈等是产生时间局部性的原因。

空间局部性（Spatial Locality）是指在最近的将来将用到的信息很可能与现在正在使用的信息在空间地址上是临近的。

参考答案

（4）C

试题（5）

在高速缓冲（Cache）-主存层次结构中，地址映像以及数据交换由__（5）__完成。

（5）A．硬件　　　B．微程序　　　C．软件　　　D．DMA 控制器

试题（5）分析

本题考查信息系统基础知识。

在高速缓冲（Cache）-主存层次结构中，地址映像以及数据交换由硬件实现，以满足处理速度的要求。

参考答案

（5）A

试题（6）

某计算机系统各组成部件的可靠性模型由下图所示。若每个部件的千小时可靠度都为 R，则该计算机系统的千小时可靠度为 __（6）__ 。

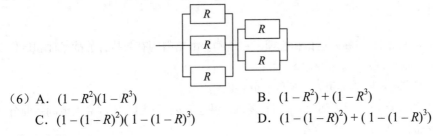

（6）A. $(1-R^2)(1-R^3)$ B. $(1-R^2)+(1-R^3)$

  C. $(1-(1-R)^2)(1-(1-R)^3)$ D. $(1-(1-R)^2)+(1-(1-R)^3)$

试题（6）分析

本题考查信息系统基础知识。

由子系统构成串联系统时，其中任何一个子系统失效就会使整个系统失效，其可靠度等于各子系统可靠度的乘积；构成并联系统时，只要有一个子系统正常工作，系统就能正常工作。

设每个子系统的可靠度分别以 $R_1, R_2, \cdots, R_N$ 表示，则整个系统用串联方式构造时的可靠度为 $R = R_1 \times R_2 \cdots \times \cdots R_N$，整个系统用并联方式构造时的可靠度为 $R = 1-(1-R_1)(1-R_2)\cdots(1-R_N)$。

题图中，两个可靠度为 R 的并联子系统的可靠度为 $1-(1-R)(1-R)$。同理，三个两个可靠度为 R 的并联子系统的可靠度为 $1-(1-R)(1-R)(1-R)$，这两个子系统串联后的可靠度为 $(1-(1-R)^2)(1-(1-R)^3)$。

参考答案

（6）C

试题（7）

企业 IT 战略规划不仅要符合企业发展的长远目标，而且其战略规划的范围控制应该 __（7）__ 。

（7）A. 紧密围绕如何提升企业的核心竞争力来进行

  B. 为企业的全面发展提供一个安全可靠的信息技术支撑

  C. 考虑在企业建设的不同阶段做出科学合理的投资成本比例分析

D. 面面俱到，全面真正地实现 IT 战略与企业业务的一致性

试题（7）分析

本题考查信息系统基础知识。

企业 IT 战略的制定须达到以下效果：确保企业 IT 的投资支持业务流程优化，进而实现企业的经营战略；确保企业投资的各 IT 系统的信息架构可以整体集成；确保企业整体的信息架构在经营战略的指导下，应对业务流程和组织的变化；避免企业在 IT 项目上的重复投资和错误投资，保证整体的投资回报。IT 战略规划的范围须紧密围绕如何提升企业的核心竞争力来进行。

参考答案

（7）A

试题（8）

IT 系统管理指 IT 的高效运作和管理，它是确保战略得到有效执行的战术性和运作性活动，其核心目标是 __(8)__ 。

(8) A. 掌握企业 IT 环境，方便管理异构网络

B. 管理客户（业务部门）的 IT 需求，并且有效运用 IT 资源恰当地满足业务部门的需求

C. 确保企业 IT 环境整体可靠性和整体安全性

D. 提高服务水平，加强服务的可靠性，及时维护各类服务数据

试题（8）分析

本题考查信息系统基础知识。

IT 系统管理包含诸多内容，其核心目标是管理客户（业务部门）的 IT 需求，并且有效运用 IT 资源恰当地满足业务部门的需求。

参考答案

（8）B

试题（9）

__(9)__ 是一个连接 IT 服务提供商和使用服务的客户双方的流程，通过识别、定义、订约、监控、报告和评审等活动，整合提供 IT 服务所需的各种要素，形成清晰地描述服务项目中各种要素的文档，以可控的方式改进 IT 服务，满足需方对服务质量的要求。

(9) A. 服务报告管理　　　　　　B. 服务需求管理

C. 服务级别管理　　　　　　D. 服务协议管理

试题（9）分析

本题考查 IT 服务运营管理知识。

服务报告管理流程须确保供方应通过及时、准确、可靠的报告与需方建立有效的信息沟通，为双方管理层提供决策支持。

服务需求管理通过对客户业务和 IT 服务的可用性需求、连续性需求、能力需求、信息

安全需求和价格需求及服务报告需求等进行识别，为 IT 服务方案设计奠定基础。

服务级别管理流程须确保供方通过定义、签订和管理服务级别协议，满足需方对服务质量的要求。

服务协议管理在一定成本控制下，为保障 IT 服务的性能和可靠性，在服务供方和需方间进行双方认可的协定并采用一定的手段进行管理。

参考答案

（9）C

试题（10）

软件需求分析阶段要进行问题识别、分析与综合等工作，其中问题识别是双方确定对问题的综合需求，包括功能需求、___（10）___ 及用户界面需求等内容。

（10）A．性能需求、经费需求　　　　B．环境需求、人员需求
　　　C．人员需求、经费需求　　　　D．性能需求、环境需求

试题（10）分析

本题考查信息技术基础知识。

软件需求是针对待解决问题的特性的描述，所定义的需求必须可被验证。通过需求分析，可以发现系统的边界，并检测和解决需求之间的冲突。

需求分析的基本任务首先是进行问题识别，也就是双方确定对问题的综合需求，包括功能需求、性能需求、环境需求和用户界面需求等内容，然后进行分析与综合，导出软件的逻辑模型。

参考答案

（10）D

试题（11）

系统规划的主要任务是___（11）___。

（11）A．明确组织的信息需求、制订系统总体结构方案
　　　B．对系统进行经济、技术和使用方面的可行性研究
　　　C．选择计算机和网络系统的方案
　　　D．确定软件系统的模块结构

试题（11）分析

本题考查计信息系统基础知识。

信息系统规划是将组织目标、支持组织目标所必需的信息、提供这些必需信息的信息系统，以及这些信息系统的实施等诸要素集成的信息系统方案，是面向组织中信息系统发展远景的系统开发计划。信息系统的规划是系统生命周期中的第一个阶段，也是系统开发过程的第一步，其质量直接影响系统开发的成败。

参考答案

（11）A

试题（12）

　　__(12)__ 方法以原型开发思想为基础，采用迭代增量式开发，发行版本小型化，比较适合需求变化较大或者开发前期对需求不是很清晰的项目。

　　（12）A．信息工程　　　B．结构化　　　C．面向对象　　　D．敏捷开发

试题（12）分析

　　本题考查信息技术基础知识。

　　敏捷开发以用户的需求进化为核心，采用迭代、循序渐进的方法进行软件开发。

参考答案

　　（12）D

试题（13）

　　软件开发过程中为确保软件质量所采取的措施中，不包括　__(13)__ 。

　　（13）A．开发前应选定或制订开发标准或开发规范，并遵照执行

　　　　　 B．在开发初期制订质量保证计划，并在开发中坚持执行

　　　　　 C．用户应参与开发全过程，并监督开发质量

　　　　　 D．严格进行阶段评审

试题（13）分析

　　本题考查信息技术基础知识。

　　软件质量是软件特性的总和，包括"内部质量""外部质量"和"使用质量"三部分。软件需求定义了软件质量特性，以及确认这些特性的方法和原则。

　　软件质量管理过程由许多活动组成，一些活动可以直接发现缺陷，另一些活动则检查活动的价值。确保软件质量的措施中并不要求用户来监督开发质量。

参考答案

　　（13）C

试题（14）

　　在软件项目开发过程中，进行软件测试的目的是　__(14)__ 。

　　（14）A．缩短软件的开发时间

　　　　　 B．减少软件的维护成本

　　　　　 C．尽可能多地找出软件中的错误

　　　　　 D．证明所开发软件的先进性

试题（14）分析

　　本题考查信息技术基础知识。

　　软件测试是为了评价和改进软件质量、识别软件的缺陷和问题而进行的活动。软件测试伴随着软件开发和维护的过程，可分为单元测试、集成测试和系统测试等阶段。

参考答案

　　（14）C

试题（15）

　　(15)　是面向对象方法中最基本的封装单元，它可以把客户要使用的方法和数据呈现给外部世界，而将客户不需要知道的方法和数据隐藏起来。

　　(15) A．类　　　　　B．函数　　　　　C．多态　　　　　D．过程

试题（15）分析

　　本题考查信息技术基础知识。

　　面向对象的基本概念包括对象、类、抽象、封装、多态、接口和消息等。对象是由数据及其操作所构成的封装体，是系统中用来描述客观事物的一个实体（模块），是构成系统的基本单位。类是对对象的抽象，是对现实世界中实体的形式化描述，类将该实体的属性（数据）和操作（函数）封装在一起。对象是类的实例，类是对象的模板。

参考答案

　　(15) A

试题（16）

　　进行面向对象分析的第一步是　(16)　。

　　(16) A．定义服务　　　　　　　　　B．定义类和对象
　　　　　C．确定问题域　　　　　　　　D．确定附加的系统约束

试题（16）分析

　　本题考查信息技术基础知识。

　　面向对象分析运用面向对象方法分析问题域，然后建立给予对象和消息的业务模型，形成对客观世界和业务的正确认识，为进行系统设计奠定基础。

参考答案

　　(16) C

试题（17）

　　在面向对象方法中，信息流是通过向参与者或内部对象发送消息形成的。　(17)　用于描述进出系统的信息流。

　　(17) A．协作图　　　　B．顺序图　　　　C．数据流图　　　　D．流程图

试题（17）分析

　　本题考查信息技术基础知识。

　　UML（统一建模语言）提供的协作图是一种交互图，强调的是发送和接收消息的对象之间的组织结构。一个协作图显示了一系列的对象和在这些对象之间的联系以及对象间发送和接收的消息。

　　顺序图描述按照时间的先后顺序对象之间交互的过程，用来描述类系统中类与类之间的交互，它将这些交互建模成消息互换，换句话说，顺序图描述了类与类之间相互交换以完成期望行为的消息。顺序图的特点是清晰，一个设计很好的顺序图从左到右、从上到下可以很好地表示出系统数据的流向，为接下来的系统设计做好铺垫。

数据流图是从数据传递和加工角度，以图形方式来表达系统的逻辑功能、数据在系统内部的逻辑流向和逻辑变换过程，是结构化系统分析方法的主要表达工具及用于表示软件模型的一种图示方法。

流程图直观地描述一个工作过程的具体步骤。

参考答案

（17）B

试题（18）

数据库通常是指有组织、可共享、动态地存储在__（18）__的数据的集合。

（18）A．内存上的相互联系　　　　B．内存上的相互无关

　　　C．外存上的相互联系　　　　D．外存上的相互无关

试题（18）分析

本题考查数据库系统的基本概念。

数据库（DataBase，DB）是指长期存储在计算机外存上的、有组织的、可共享且相互联系的数据集合。数据库中的数据按一定的数学模型组织、描述和存储，具有较小的冗余度，较高的数据独立性和易扩展性，并可为各种用户共享。

参考答案

（18）C

试题（19）

数据库管理系统（DBMS）为了保证数据库中数据的安全可靠和正确有效，在进行事务处理时，对数据的插入、删除或修改的全部有关内容先写入__（19）__。

（19）A．数据字典　　B．日志文件　　C．数据文件　　D．索引文件

试题（19）分析

本题考查数据库事务处理方面的基础知识。

为了保证数据库中数据的安全可靠和正确有效，数据库管理系统（DBMS）提供数据库恢复、并发控制、数据完整性保护与数据安全性保护等功能。数据库系统在运行过程中由于软硬件故障可能造成数据被破坏，数据库恢复就是在尽可能短的时间内，把数据库恢复到故障发生前的状态。具体的实现方法有多种：定期将数据库作备份；在进行事务处理时，对数据更新（插入、删除、修改）的全部有关内容写入日志文件；当系统正常运行时，按一定的时间间隔，设立检查点文件，把内存缓冲区内容还未写入到磁盘中去的有关状态记录到检查点文件中；当发生故障时，根据现场数据内容、日志文件的故障前映像和检查点文件来恢复系统的状态。

参考答案

（19）B

试题（20）

在数据库系统实施过程中，通过重建视图能够实现__（20）__。

（20）A．程序的逻辑独立性　　　　　B．程序的物理独立性
　　　 C．数据的逻辑独立性　　　　　D．数据的物理独立性

试题（20）分析

本题考查数据库系统原理的基本知识。

视图对应了数据库系统三级模式/两级映象中的外模式，重建视图即是修改外模式及外模式/模式映象，实现了数据的逻辑独立性。

参考答案

（20）C

试题（21）

以下关于数据仓库的叙述中，不正确的是　(21)　。

（21）A．数据仓库是商业智能系统的基础
　　　 B．数据仓库中的数据视图往往是多维的
　　　 C．数据仓库是面向分析的，支持联机分析处理（OLAP）
　　　 D．数据仓库主要支持联机事务处理（OLTP）

试题（21）分析

本题考查数据仓库方面的基本概念。

数据仓库是面向分析的，支持联机分析处理（OLAP），数据库面向日常事务处理（即面向业务的），不适合进行分析处理。数据仓库技术是公认的信息利用的最佳解决方案，它不仅能够从容解决信息技术人员面临的问题，同时也为商业用户提供很好的商业契机，是商业智能系统的基础。

数据仓库是在数据库已经大量存在的情况下，为了进一步挖掘数据资源、满足决策需要而产生的，它并不是所谓的"大型数据库"。数据仓库的方案建设的目的，是为前端查询和分析提供基础，由于有较大的冗余，所以需要的存储也较大。

联机分析处理（OLAP）可以被刻画为具有下面特征的联机事务：

①可以存取大量的数据，如多年的销售数据，分析各个商业元素类型之间的关系，如销售、产品、地区、渠道。

②需要包含聚集的数据，例如销售量、预算金额以及消费金额。

③按层次对比不同时间周期的聚集数据，如月、季度或者年。

④以不同的方式来表现数据，如按地区或者每一地区内按不同销售渠道、不同产品来表现。

⑤需要包含数据元素之间的复杂计算，如在某一地区的每一销售渠道的期望利润与销售收入之间的分析。

⑥能够快速地响应用户的查询，以便用户的分析思考过程不受系统影响。

参考答案

（21）D

试题（22）

以下关于大数据的叙述中，不正确的是　(22)　。

(22) A．大数据的意义是对数据进行专业化处理，实现数据的"增值"
  B．大数据的4个特点是数据类型多、数据量大、价值密度高和处理速度快
  C．大数据需要依托云计算的分布式处理、分布式数据库和云存储等
  D．与传统的数据仓库应用相比，大数据分析具有数据量大、查询分析更复杂等特点

试题（22）分析

本题考查大数据方面的基本知识。

大数据（Big Data）的4个特点是数据类型多、数据量大、价值密度低和处理速度快。大数据的意义不在于掌握大量的数据信息，而在于对这些数据进行专业化处理，实现数据的"增值"。

大数据必须依托云计算的分布式处理、分布式数据库和云存储、虚拟化技术等。与传统的数据仓库应用相比，大数据分析具有数据量大、查询分析更复杂等特点。

参考答案

(22) B

试题（23）、(24)

MVC（Model-View-Controller，模型-视图-控制器）是一种广泛流行的软件设计模式，也是 J2EE 平台上推荐的一种设计模型。其中，　(23)　主要表现用户界面，　(24)　用来描述核心业务逻辑。

(23) A．模型　　　　B．视图　　　　C．控制器　　　　D．视图和控制器
(24) A．模型　　　　B．视图　　　　C．控制器　　　　D．视图和控制器

试题（23）、(24) 分析

本题考查模型-视图-控制器（MVC）中各个部分的基本功能。

在 MVC 模式中，模型（Model）主要负责数据和业务逻辑，而视图（View）主要负责呈现，也就是用户界面，控制器（Controller）主要负责模型和视图的交互。

参考答案

(23) B　(24) A

试题（25）

Web 服务是一种面向服务的架构的技术，通过标准的 Web 协议提供服务，目的是保证不同平台的应用服务可以互操作。Web 服务典型的技术包括 SOAP、WSDL、UDDI 和 XML，　(25)　是用于描述服务的 Web 服务描述语言。

(25) A．SOAP　　　　B．WSDL　　　　C．UDDI　　　　D．XML

试题（25）分析

本题考查 Web 服务方面的基础知识。

Web 服务是一种面向服务的架构的技术，通过标准的 Web 协议提供服务，目的是保证

不同平台的应用服务可以互操作。Web 服务典型的技术包括 SOAP、WSDL、UDDI 和 XML。其中，SOAP（Simple Object Access Protocal）是用于传递信息的简单对象访问协议；WSDL（Web Service Description Language）是用于描述服务的 Web 服务描述语言；UDDI（Universal Description Discovery Integration）是用于 Web 服务注册的统一描述、发现和集成；XML 是用于数据交换的语言。

参考答案

（25）B

试题（26）

以下关于网络设备安全的描述中，错误的是__（26）__。

（26）A. 为了方便设备管理，重要设备采用单因素认证

　　　 B. 详细记录网络设备维护人员对设备的所有操作和配置更改

　　　 C. 网络管理人员调离或退出本岗位时设备登录口令应立即更换

　　　 D. 定期备份交换路由设备的配置和日志

试题（26）分析

本题考查网络安全方面的知识。

为了实现网络安全，网络设备的管理认证一般采用多因素认证（MFA）方式。MFA 是通过结合两个或三个独立的凭证：用户知道什么（知识型的身份验证）；用户有什么（安全性令牌或者智能卡）；用户是什么（生物识别验证）。单因素身份验证（SFA）与之相比，只需要用户现有的知识，安全性较低。网络维护人员对网络设备的所有操作和配置的更改，需要详细地进行记录和登记，对于较为关键和核心的配置更改，需要先进行实验和验证，并通过审批之后才能够在生产设备上进行实施；当网络管理人员调离岗位或者退出本岗位时，需及时取消其权限或者更换口令；对所有设备的配置和日志应定期进行备份。

参考答案

（26）A

试题（27）

甲和乙从认证中心 CA_1 获取了自己的证书 $I_甲$ 和 $I_乙$，丙从认证中心 CA_2 获取了自己的证书 $I_丙$，下面说法中错误的是__（27）__。

（27）A. 甲、乙可以直接使用自己的证书相互认证

　　　 B. 甲与丙及乙与丙可以直接使用自己的证书相互认证

　　　 C. CA_1 和 CA_2 可以通过交换各自公钥相互认证

　　　 D. 证书 $I_甲$、$I_乙$ 和 $I_丙$ 中存放的是各自的公钥

试题（27）分析

本题考查 CA 数字证书认证的基础知识。

CA 为用户产生的证书应具有以下特性。

①只要得到 CA 的公钥，就能由此得到 CA 为用户签署的公钥。

②除 CA 外，其他任何人员都不能以不被察觉的方式修改证书的内容。

如果所有用户都由同一 CA 签署证书，则这一 CA 就必须取得所有用户的信任。如果用户数量很多，仅一个 CA 负责为所有用户签署证书可能不现实。通常应有多个 CA，每个 CA 为一部分用户发行和签署证书。用户之间进行认证，首先需要对各自的认证中心进行认证，要认证 CA 则需多个 CA 之间交换各自的证书。

参考答案

（27）B

试题（28）

网络逻辑结构设计的内容不包括__（28）__。

（28）A．逻辑网络设计图
B．IP 地址方案
C．具体的软硬件、广域网连接和基本服务
D．用户培训计划

试题（28）分析

本题考查逻辑网络设计的基础知识。

网络生命周期中，一般将迭代周期划分为 5 个阶段，即需求规范、通信规范、逻辑网络设计、物理网络设计和实施阶段。

网络的逻辑设计来自于用户需求中描述的网络行为、性能等要求，逻辑设计要根据网络用户的分类、分布、选择特定的技术，形成特定的网络结构，该网络结构大致描述了设备的互联及分布，但是不对具体的物理位置和运行环境进行确定。逻辑设计过程主要包括 4 个方面，即确定逻辑设计目标；网络服务评价；技术选项评价；进行技术决策。

逻辑网络设计阶段，主要完成网络的逻辑拓扑结构、网络编址、设备命名、交换及路由协议的选择、安全规划、网络管理等设计工作，并且根据这些设计产生对设备厂商、服务供应商的选择策略。

参考答案

（28）D

试题（29）

某企业通过一台路由器上联总部，下联 4 个分支机构，设计人员分配给下级机构一个连续的地址空间，采用一个子网或者超网段表示。这样做的主要作用是__（29）__。

（29）A．层次化路由选择　　　　B．易于管理和性能优化
　　　C．基于故障排查　　　　　D．使用较少的资源

试题（29）分析

本题考查网络地址设计的基础知识。

层次化编址是一种对地址进行结构化设计的模型，使用地址的左半部的号码可以体现大块的网络或者结点群，而右半部可以体现单个网络或结点。层次化编址的主要优点在于可以

实现层次化的路由选择，有利于在网络互联路由设备之间发现网络拓扑。

设计人员在进行地址分配时，为了配合实现层次化的路由器，必须遵守一条简单的规则，如果网络中存在分支管理，而且一台路由器负责连接上级和下级机构，则分配给这些下级机构网段应该属于一个连续的地址空间，并且这些连续的地址空间可以用一个子网或者超网段表示。

如题所示，若每个分支结构分配一个 C 类地址段，整个企业申请的地址空间为 202.103.64.0～202.103.79.255（202.103.64.0/20），则这 4 个分支机构应该分配连续的 C 类地址，例如 202.103.64.0/24～202.103.67.0/24，这 4 个 C 类地址可以用 202.103.64.0/22 这个超网表示。

参考答案

（29）A

试题（30）

以下关于在 IPv6 中任意播地址的叙述中，错误的是__（30）__。

（30）A．只能指定给 IPv6 路由器　　　B．可以用作目标地址

　　　C．可以用作源地址　　　　　　　D．代表一组接口的标识符

试题（30）分析

本题考查 IPv6 中任意播地址。

IPv6 中任意播地址不能用作源地址。

参考答案

（30）C

试题（31）

RIPv2 对 RIPv1 协议的改进之一是采用水平分割法。以下关于水平分割法的说法中错误的是__（31）__。

（31）A．路由器必须有选择地将路由表中的信息发送给邻居

　　　B．一条路由信息不会被发送给该信息的来源

　　　C．水平分割法为了解决路由环路

　　　D．发送路由信息到整个网络

试题（31）分析

本题考查 RIP 路由协议相关内容。

RIPv2 对 RIPv1 协议的改进之一是采用水平分割法。水平分割法的具体含义是路由器必须有选择地将路由表中的信息发送给邻居，即一条路由信息不会被发送给该信息的来源，目的就是为了解决路由环路。路由信息只发送给其邻居。

参考答案

（31）D

试题（32）

___(32)___ 不属于数字签名的主要功能。

(32) A．保证信息传输的完整性　　B．防止数据在传输过程中被窃取
　　　C．实现发送者的身份认证　　D．防止交易者事后抵赖对报文的签名

试题（32）分析

本题考查数字签名的基本概念。

数字签名技术是将摘要用发送者的私钥加密，与原文一起传送给接收者。接收者只有用发送者的公钥才能解密得到被加密的摘要。

数字签名技术可以保证接收者不能伪造对报文的签名，接收者能够核实发送者对报文的签名以及发送者事后不能抵赖对报文的签名。同时，接收者可以用 Hash 函数对收到的原文再产生一个摘要，与收到的摘要对比，如果二者相同则说明收到的信息是完整的，从而保证信息传输的完整性。

但是，数字签名技术不是加密技术，它不能防止数据在传输过程中被窃取。

参考答案

(32) B

试题（33）

信息安全的基本属性有完整性、保密性、可用性和可控性等方面。信息在传输的过程中不被修改、不被破坏、不被插入、不延迟、不乱序和不丢失的特性属于___(33)___。

(33) A．完整性　　B．保密性　　C．可用性　　D．可控性

试题（33）分析

本题考查信息安全管理的基础知识。

信息安全的基本属性有完整性、保密性、可用性和可控性等方面。其中，完整性是指信息在传输的过程中不被修改、不被破坏、不被插入、不延迟、不乱序和不丢失的特性；保密性是指信息不被泄露给非授权的个人和实体，或供其使用的特性；可用性是指信息可被合法用户访问并能按照要求顺序使用的特性；可控性是指授权机构可以随时控制信息的机密性。

参考答案

(33) A

试题（34）

信息系统的概念结构如下图所示，正确的名称顺序是___(34)___。

（34）A．①信息用户、②信息源、③信息处理器
　　　B．①信息源、②信息用户、③信息处理器
　　　C．①信息用户、②信息处理机、③信息源
　　　D．①信息源、②信息处理器、③信息用户

试题（34）分析

　　信息系统从概念上来看是由信息源、信息处理器、信息用户和信息管理者四部分组成，它们之间的关系如下图所示。

参考答案

　　（34）D

试题（35）

　　从对外提供的服务能力来看，云计算的架构可以分为 IaaS、PaaS 和 SaaS 三个层次。其中，__（35）__ 是通过 Internet 提供软件的模式来管理企业经营活动。

（35）A．IaaS　　　　B．PaaS　　　　C．SaaS　　　　D．三个层次都提供

试题（35）分析

　　本题考查云计算架构方面的知识。

　　从对外提供的服务能力来看，云计算的架构可以分为 IaaS、PaaS 和 SaaS 三个层次。其中，IaaS 是指基础设施即服务，指消费者通过 Internet 可以从云计算中心获得完善的计算机基础设施服务，如虚拟主机、存储服务等；PaaS 是指为云计算上各种应用软件提供服务的平台应用，其作用类似于操作系统；SaaS 是指通过 Internet 提供软件的模式来管理企业经营活动。

参考答案

　　（35）C

试题（36）

　　物联网从架构可以分为应用层、网络层和感知层。其中，__（36）__ 提供丰富的基于物联网的应用，是物联网发展的根本目标。

（36）A．应用层　　　B．网络层　　　C．感知层　　　D．三个层次都不提供

试题（36）分析

　　本题考查物联网的架构知识。

　　物联网从架构可以分为应用层、网络层和感知层。其中，应用层提供丰富的基于物联网

的应用,是物联网发展的根本目标;网络层是利用有线和无线网络对采集的数据进行编码、认证和传输;感知层负责信息采集和物物之间的信息传输。

参考答案

（36）A

试题（37）

以下关于产品的描述,不正确的是__（37）__。

(37) A．产品是指能够提供给市场满足消费者或用户某种需求的任何有形物品或无形服务

　　　B．任何有形物品都可以转化为产品,而无形服务是不能转化为产品

　　　C．产品是指能够提供给市场,被人们使用和消费,并能满足人们某种需求的任何东西

　　　D．产品是一组将输入转化为输出的相互关联或相互作用的活动的结果

试题（37）分析

本题考查产品方面的相关知识。

产品是指能够提供给市场、被人们使用和消费,并能满足人们某种需求的任何东西,包括有形的物品、无形的服务、组织、观念或它们的组合。产品一般可以分为三个层次,即核心产品、形式产品和延伸产品。核心产品是指整体产品提供给购买者的直接利益和效用;形式产品是指产品在市场上出现的物质实体外形,包括产品的品质、特征、造型、商标和包装等;延伸产品也称附加产品,是指顾客购买产品时所能得到的附加服务和利益。

产品是"一组将输入转化为输出的相互关联或相互作用的活动"的结果,即"过程"的结果。在经济领域中,通常也可理解为组织制造的任何制品或制品的组合。在现代汉语词典中的解释为"生产出来的物品"。

参考答案

（37）B

试题（38）

__（38）__不属于实施 ITSM（IT Service Management）的根本目标。

(38) A．以客户为中心提供 IT 服务

　　　B．提供高质量、低成本的服务

　　　C．使企业的 IT 投资与战略目标一致

　　　D．提供的服务是可计价的

试题（38）分析

本题考查信息技术服务方面的知识。

实施 ITSM（IT Service Management）的根本目标有如下 3 个：

①以客户为中心提供 IT 服务。

②提供高质量、低成本的服务。

③提供的服务是可准确计价的。

显然选项 C 不属于实施 ITSM（IT Service Management）的根本目标。

参考答案

（38）C

试题（39）

某企业信息中心张工负责操作系统和数据库系统的运维服务，该服务属于___（39）___。

（39）A．桌面运维服务　　　　　　B．基础软件运维服务

　　　 C．应用软件运维服务　　　　D．支撑软件运维服务

试题（39）分析

本题考查信息技术服务方面的知识。

通常，基础软件运维服务是指面向操作系统、数据库系统、中间件、语言处理程序和办公软件等基础软件的运维服务。显然，某企业信息中心张工负责操作系统和数据库系统的运维服务属于基础软件运维服务。

参考答案

（39）B

试题（40）

质量管理常见的方法有：PDCA 循环、___（40）___。

（40）A．零缺陷、质量三部曲和 CMMI

　　　 B．零缺陷、六西格玛和客户关系管理

　　　 C．质量三部曲、零缺陷和六西格玛

　　　 D．质量三部曲、零缺陷和客户关系管理

试题（40）分析

本题考查信息技术服务方面的知识。

质量管理常见的方法有：戴明环（PDCA 循环）、质量三部曲、零缺陷和六西格玛。

①PDCA 循环。此概念最早由戴明环博士提出，故又称之为戴明环。在"PDCA 循环"中，"策划（P）—实施（D）—检查（C）—处理（A）"的管理循环是现场质量保证体系运行的基本方式，它反映了不断提高质量应遵循的科学程序。

②质量三部曲。该方法是由约瑟夫·M.朱兰博士提出的，指质量策划、质量改进和质量控制，通过识别客户的要求，开发出让客户满意的产品，并使产品的特征最优化，同时优化产品的生产过程。

③零缺陷。是由参与美国马丁导弹计划的克劳斯比提出的。其思想是，如果质量仅仅是一个控制系统，那么它永远不会得到实质性的改进，质量不仅是一个控制系统，它更是一个管理功能。克劳斯比的质量改进过程有 4 项质量管理原理为基础：

质量应定义成符合要求，而不是好或优秀。

质量保证体系的原则是预防不合格，而不是对不合格进行评估。

工作标准应该是零缺陷，而不是差不多就行。

以不合格付出的代价来衡量质量，而不是用不合格的百分比来衡量质量。

④六西格玛（6σ）。是一种改善企业质量管理的技术，以"零缺陷"的完美商业追求，带动质量成本的大幅度降低，最终实现财务成效的提升与企业竞争力的突破。该方法即着眼于产品、服务的质量，又关注过程的改进。

参考答案

（40）C

试题（41）

___（41）___是为了实现项目的目标，对项目的工作内容进行控制的管理过程。

（41）A．项目范围管理　　　　　　B．项目时间管理

C．项目成本管理　　　　　　D．项目集成管理

试题（41）分析

本题考查信息技术服务方面的知识。

项目管理包括项目范围管理、项目时间管理、项目成本管理、项目质量管理、人力资源管理、项目沟通管理、项目风险管理、项目采购管理和项目集成管理。其中，项目范围管理是指为了实现项目的目标，对项目的工作内容进行控制的管理过程。主要包括范围的界定、范围的规划和范围的调整等。

参考答案

（41）A

试题（42）

以下关于 IT 服务规划设计主要目的的叙述中，错误的是___（42）___。

（42）A．设计满足业务需求的 IT 服务

B．设计 SLA、测量方法和指标

C．无须识别风险，应由客户定义风险控制措施

D．规划服务的组织架构、人员编制、岗位及任职要求

试题（42）分析

本题考查 IT 服务规划设计方面的知识。

规划设计处于 IT 服务生命期的前端，可以帮助 IT 服务供方了解客户的需求，并对其进行全面的需求分析，然后通过对服务要素（包括人员、资源、技术和过程）、服务模式和服务方案设计，最终形成服务级别协议（Service Level Agreement，SLA），包括服务的内容、连续性、可用性、服务能力和服务费用等。

IT 服务规划设计的主要目的有如下几个方面：

- 设计满足业务需求的 IT 服务；
- 设计 SLA、测量方法和指标；
- 设计服务过程及其控制方法；
- 识别规划支持服务所需求的 IT 服务设计；

- 识别风险,并定义风险控制措施和机制;
- 评估 IT 服务成本,制定服务预算,控制服务成本;
- 规划服务的组织架构、人员编制、岗位及任职要求;
- 制订服务质量管理计划,以全面提高 IT 服务质量。

参考答案

(42) C

试题(43)

以下关于服务持续改进活动的叙述中,正确的是 (43) 。

(43) A. 服务持续改进活动存在明显的起止时间
B. 服务持续改进活动具有阶段性
C. 服务持续改进活动贯穿于 IT 服务的整个生命期
D. 服务持续改进活动对客户的预期进行管理

试题(43)分析

本题考查 IT 服务持续改进方面的知识。

服务改进是需要进行生命周期管理,其主要活动包括服务改进设计、服务改进实施和服务改进验证。对于持续改进活动应该贯穿于 IT 服务的整个生命期。

参考答案

(43) C

试题(44)

IT 服务目录的设计一般按照:" (44) "的步骤进行。

①服务分类与编码　　　②确定小组成员　　　③服务详细描述
④评审及发布服务目录　⑤列举服务清单　　　⑥完成服务目录

(44) A. ①→②→④→⑤→③→⑥　　　B. ②→⑤→①→③→④→⑥
C. ①→②→⑤→④→③→⑥　　　D. ②→⑤→④→③→①→⑥

试题(44)分析

本题考查 IT 服务规划设计方面的知识。

如何设计一套巧妙的 IT 服务目录不仅需要一定的经验,而且需要经过深思熟虑,因为这样才能确定服务目录应当包含哪些服务及特征。IT 服务目录的设计一般按照:"确定小组成员→列举服务清单→服务分类与编码→服务详细描述→评审及发布服务目录→完成服务目录"的步骤进行。

参考答案

(44) B

试题(45)

以下不属于服务设计关键成功因素的是 (45) 。

(45) A. 获取新的服务或添加附加客户的流程及程序

B．备件管理规范与 SAL 中的条款相一致
　　C．服务人员能力达标，能正确使用各种服务工具
　　D．及时根据服务级别和服务需求的变更调整服务资源的配置

试题（45）分析

　　本题考查 IT 服务规划设计方面的知识。
　　服务设计关键成功因素有如下 6 个方面：
- 服务人员能力达标，能正确使用各种服务工具；
- 服务台的职能明确、服务过程规范；
- 备件管理规范与 SAL 中的条款相一致；
- 有效的监控平台能提高主动发现事故或事件的概率，提前做好预防工作；
- 及时根据服务级别和服务需求的变更调整服务资源的配置；
- 如备件库由第三方提供，第三方的支持服务级别充分满足服务需求。

参考答案

　　（45）A

试题（46）

　　知识转移是技术部署的重要环节，完备的知识转移可以提高 IT 服务技术支撑能力、降低风险、缩减成本、提升效率。知识转移的内容主要包括__（46）__。

　　（46）A．基础架构资料、应用系统资料、业务资料、提高工作效率
　　　　　B．规范工作流程、应用系统资料、业务资料、提高工作效率
　　　　　C．历史运维资料、基础架构资料、应用系统资料、业务资料
　　　　　D．历史运维资料、规范工作流程、提高工作效率、业务资料

试题（46）分析

　　本题考查 IT 服务部属实施方面的知识。
　　知识转移是技术部署的重要环节，完备的知识转移可以提高 IT 服务技术支撑能力、降低风险、缩减成本、提升效率。知识转移的内容主要包括历史运维资料、基础架构资料、应用系统资料和业务资料。

参考答案

　　（46）C

试题（47）

　　技术手册发布流程为：__（47）__。

　　（47）A．发放→存档→审核　　　　　B．审核→存档→发放
　　　　　C．存档→审核→发放　　　　　D．存档→发放→审核

试题（47）分析

　　本题考查 IT 服务部属实施方面的知识。
　　编写各类用于发现与解决问题的技术手册，应包含发现问题的技术手段（如监控阈值、

测量方法等），已解决问题的措施与可选方案。技术手册的发布流程为：审核→存档→发放，其中：

①审核。技术手册在发布前应进行审核，验证可行后以文档管理要求进行存档。

②存档。为了能够对技术手册实现高效使用应采用分级管理的方法，分级管理便于使用者快速定位到所需要查看的技术手册。

③发放。需要通知相关人员进行查看，组织培训讲解，确保使用者按手册要求进行操作。

参考答案

（47）B

试题（48）

IT 服务部属实施计划阶段的主要活动，包括：计划沟通、计划制定、计划评估确认与计划修订。"通过与服务团队负责人交流，了解其服务支持和提供的能力，以确保为其计划培训时间、培训内容，同时依据其服务能力定义合理的服务目标和实施里程碑。"应属于__（48）__活动。

（48）A．计划沟通　　　B．计划制订　　　C．计划评估确认　　　D．计划修订

试题（48）分析

本题考查 IT 服务部属实施方面的知识。

IT 服务部属实施计划阶段的主要活动包括：计划沟通、计划制订、计划评估确认与计划修订。

计划沟通主要包括与客户的沟通、规划环节负责人的沟通、服务团队负责人的沟通等。其中，通过与服务团队负责人交流，了解其服务支持和提供的能力，以确保为其计划培训时间、培训内容，同时依据其服务能力定义合理的服务目标和实施里程碑。

参考答案

（48）A

试题（49）

对问题管理描述正确的是__（49）__。

（49）A．问题管理流程须确保供方具有监测事件、尽快解决事件的能力

　　　B．问题管理流程须确保供方通过识别引起事件的原因并解决问题，预防同类事件重复发生

　　　C．问题管理流程须确保供方维护运行维护服务对象的必要记录

　　　D．问题管理流程须确保供方通过管理、控制变更的过程，确保变更有序实施

试题（49）分析

本题考查 IT 服务运营管理方面的基础知识。

"问题管理流程须确保供方通过识别引起事件的原因并解决问题，预防同类事件重复发生"的说法是正确的。

参考答案

（49）B

试题（50）

在人员要素管理中，人员要素风险控制涉及许多内容，下面 __(50)__ 不是服务运营管理中的人员要素风险控制项。

（50）A．人员连续性问题　　　　　B．负面情绪

　　　C．软件开发过程指标　　　　D．考核指标不明确

试题（50）分析

本题考查对服务运营管理人员要素风险控制的理解。

服务运营管理中人员要素风险控制可能的风险包括：沟通问题、人员连续性问题、负面情绪和考核指标不明确等，主要针对服务运营阶段的工作。它不涉及软件开发过程，所以也不涉及开发过程中的各类指标。

综上所述，可以看出服务运营管理人员要素风险控制中，可能的风险项不包括软件开发过程指标。

参考答案

（50）C

试题（51）

在资源要素管理中，涉及多种资源类别，下面 __(51)__ 不属于资源要素管理类别。

（51）A．服务台管理与评价　　　　B．程序员心理活动管理

　　　C．备品备件管理　　　　　　D．知识管理

试题（51）分析

本题考查对服务运营管理中的资源要素管理的理解。

服务运营管理中的资源要素管理包括：工具管理、知识管理、服务台管理与评价以及备品备件管理，主要针对服务运营管理中涉及的资源。它不涉及软件开发过程，所以也不涉及开发过程中的程序员心理活动。

综上所述，可以看出服务运营管理中的资源要素管理不包括软件开发中的程序员心理活动管理。

参考答案

（51）B

试题（52）

在资源要素管理中，工具管理是其一项主要管理内容，其中工具的基本运营管理中不包括下面选项中的 __(52)__ 。

（52）A．保持稳定性，按生产系统管理　　B．挑选合适的员工进行日常维护

　　　C．适时的改进　　　　　　　　　　D．不断进行工具测试

试题（52）分析

本题考查对工具基本运营管理的认识和理解。

工具运营管理的主要内容包括：保持稳定性，按生产系统管理；挑选合适的员工进行日常维护；适时改进。不涉及对工具的测试问题。

综上所述，可以看出工具运营管理中不包括不断进行工具测试。

参考答案

（52）D

试题（53）

随着 IT 服务运营过程中知识的不断沉淀和积累、客户期望值的不断提高，必然带来不间断的服务改进需求，所以需要对 IT 服务进行持续改进，持续改进方法的过程中包括了下面 7 个阶段（①，②，…，⑥，⑦未按顺序排列）：

①析信息和数据　　　　②实施改进　　　　　　③识别改进战略/策略
④收集数据　　　　　　⑤识别需要测量什么　　⑥展示并使用信息　　⑦处理数据

按照持续改进方法的正确过程顺序，下面＿＿（53）＿＿选项是正确的顺序。

（53）A. ③→⑤→②→①→⑥→④→⑦

　　　 B. ④→⑦→③→⑤→①→⑥→②

　　　 C. ③→⑤→④→⑦→①→⑥→②

　　　 D. ④→⑤→⑥→⑦→③→①→②

试题（53）分析

本题考查对 IT 服务进行持续改进过程内容的理解。

按照 IT 服务持续改进过程的基本步骤，应当是先进行识别改进战略/策略、识别需要测量什么、接着收集数据、处理数据、再分析信息和数据、展示并使用数据，最后实施改进。由此可以看出只有答案 C 是正确的。

综上所述，可以看出 IT 服务持续改进方法的正确过程顺序应当如 C 选项所示。

参考答案

（53）C

试题（54）

服务测量用于获得与服务交付过程相关的各种数据，进而获得服务改进活动所需的各种原始资料，其测量指标可分为三种类型，下面＿＿（54）＿＿选项包括了正确的三种类型。

（54）A. 技术指标，人员能力指标，过程指标

　　　 B. 技术指标，过程指标，服务指标

　　　 C. 人员能力指标，服务指标，过程指标

　　　 D. 技术指标，服务指标，人员能力指标

试题（54）分析

本题考查对服务测量指标的掌握。

在进行服务测量的过程中，测量的范围包括 IT 服务全生命周期阶段的每个方面，覆盖战略、战术和操作等多个层面，需要系统规划与管理师从技术和业务两个不同的视角来确定测量指标。测量指标可分为三种类型，分别是技术指标、过程指标和服务指标。没有人员能力指标的提法。

参考答案

（54）B

试题（55）

IT 运维服务质量的评价来自于 IT 服务供方、IT 服务需方和第三方的需要，由于 IT 运维服务的无形性、不可分离性、差异性等特点，国标《信息技术服务质量评价指标体系》给出了用于评价信息技术服务质量的模型。其中，安全性是五类特性中的重要一项，下列 __（55）__ 不属于安全性评价指标。

（55）A．完整性　　　　B．可用性　　　　C．可测试性　　　　D．保密性

试题（55）分析

本题考查对 IT 服务质量评价模型中五类特性中的安全性的理解。

按照国标《信息技术服务质量评价指标体系》对信息技术服务质量的评价模型指标定义，安全性指标包括了可用性、完整性和保密性三个指标，不包括可测试性。

综上所述，可以看出安全性指标定义中没有可测试性。

参考答案

（55）C

试题（56）

常见的运维质量实施和检查活动包括___（56）___。

①内审　　②管理评审　　③进行满意度调查　　④质量文化培训

（56）A．①②③　　　　B．①③④　　　　C．②③④　　　　D．①②③④

试题（56）分析

本题考查运维质量实施和检查活动方面的知识。

常见的运维质量实施和检查活动包括：进行满意度调查、运维各种质量保证工作实施、内审、管理评审、日常检查和质量文化培训等。

参考答案

（56）D

试题（57）

IT 服务风险管理中，对风险的识别是很重要的一项工作。识别方法中，通常会采用文档评审、信息收集技术、检查表、分析假设和图解技术。下面 __（57）__ 选项不属于信息收集技术。

（57）A．德尔菲法　　　　　　　　B．访谈法

　　　 C．头脑风暴法　　　　　　　D．因果分析图法

试题（57）分析

本题考查对 IT 服务风险管理中的风险识别技术的理解。

在风险识别过程中，通常采用文档评审、信息收集技术、检查表、分析假设和图解技术。其中，信息收集技术中包括了头脑风暴法、德尔菲法、访谈法和优劣势分析法。题目中的因果分析图法属于图解技术。

综上所述，可以看出 IT 服务风险识别中的信息收集技术不包括因果分析图法。

参考答案

（57）D

试题（58）

IT 服务风险管理中，风险的监控是指跟踪已识别的危险，检测残余风险和识别新的风险，保证风险计划的执行，并评价这些计划对减轻风险的有效性。风险监控是整个生命周期中一个持续进行的过程。下面__(58)__不是风险监控的基本方法。

(58) A．风险评估　　　　　　　　　B．技术指标分析
　　　 C．技术的绩效评估　　　　　　D．差异和趋势分析

试题（58）分析

本题考查对 IT 服务风险管理中的风险监控基本方法的掌握。

IT 服务风险管理中，对风险的监控方法包括：风险评估；风险审计和定期的风险评审；差异和趋势分析；技术的绩效评估和预留管理。技术指标分析属于风险跟踪方法之一。

综上所述，可以看出 IT 服务风险监控方法中不包括技术指标分析。

参考答案

（58）B

试题（59）

IT 服务营销中，供应商关系的管理是一项重要工作，其活动包括了：①供应商间的协调、②支持合同管理、③供应商的选择/推荐、④供应商审核及管理、⑤争议处理。按照活动的规律，其正确顺序是__(59)__。

(59) A．①→④→③→⑤→②　　　　B．③→①→④→②→⑤
　　　 C．③→④→①→⑤→②　　　　D．①→③→②→④→⑤

试题（59）分析

本题考查对 IT 服务营销中的供应商关系管理的掌握。

在 IT 服务营销中，供应商关系的管理的基本活动次序是这样的：首先是供应商的选择/推荐，其次是供应商审核及管理，然后进行供应商间的协调，再进行争议处理，最后是支持合同管理。

综上所述，可知 IT 服务营销中供应商关系管理活动的正确顺序应为③→④→①→⑤→②。

参考答案

（59）C

试题（60）

IT 服务营销过程共分四个阶段，下面__（60）__不属于这四个阶段的内容。

（60）A．服务执行阶段   B．服务达成阶段

        C．启动准备阶段   D．能力展示阶段

试题（60）分析

本题考查对 IT 服务营销中的营销活动过程的掌握。

在 IT 服务营销中，营销过程活动共分四个阶段，分别是：启动准备阶段、调研交流阶段、能力展示阶段和服务达成阶段。没有服务执行阶段这样的笼统称谓。

综上所述，可知 IT 服务营销中，营销过程活动不包括服务执行阶段。

参考答案

（60）A

试题（61）

在 IT 服务营销中，对 IT 服务项目的预算，让系统规划与管理师能够从财务的角度来衡量 IT 服务项目工作开展的有效性，达到高效利用项目资金，提高服务投入产出比的目的。项目预算的制定分为三个步骤，下面__（61）__不在这三个步骤之列。

（61）A．识别项目预算收入项与开支项

        B．划分 IT 服务项目执行阶段

        C．形成预算表

        D．寻找控制成本开支方法

试题（61）分析

本题考查对 IT 服务营销中的 IT 服务项目预算的掌握。

在 IT 服务营销中，IT 服务项目预算的制定分为三个步骤，分别是：识别项目预算收入项与开支项、划分 IT 服务项目执行阶段和形成预算表。而寻找控制成本开支方法属于 IT 服务项目的核算内容。

综上所述，可知 IT 服务营销中，寻找控制成本开支方法不在 IT 服务项目预算制定步骤中。

参考答案

（61）D

试题（62）

随着 IT 服务外包商的信誉和管理机制的不断提高和健全、国家对 IT 服务外包行业的积极推动，IT 服务外包将迎来快速发展的局面。IT 服务外包会给企业带来许多收益，其表现多样。下面__（62）__不属于这些收益。

（62）A．专注于主营业务   B．成本效益

C. 提升满意度　　　　　　　D. 提高软件质量

试题（62）分析

本题考查对 IT 服务营销中的服务外包收益的理解。

在 IT 服务营销中，服务外包对企业带来的收益主要表现为：成本效益、效率提升、降低风险、专注于主营业务、管理简单和提升满意度等几个方面。软件质量问题主要是在开发过程中形成的，而不是在外包服务中解决的。

综上所述，可知 IT 服务营销中服务外包对企业带来的收益中不包含提高软件质量。

参考答案

（62）D

试题（63）

在 IT 服务团队的五个特征中，人员的岗位结构特征将岗位分为三类且团队成员相对固定。下面__(63)__选项的划分是正确的三类岗位。

(63) A. 管理岗、技术岗、培训岗　　　B. 管理岗、安保岗、技术岗
　　　C. 管理岗、技术岗、操作岗　　　D. 技术岗、培训岗、操作岗

试题（63）分析

本题考查对团队建设与管理中的 IT 服务团队特征的理解。

在 IT 服务团队建设与管理中，服务团队具有五个特征，其中人员的岗位结构特征划分为管理岗、技术岗和操作岗三个，且其团队成员相对固定。在该划分中，没有专门设置培训岗和安保岗。

参考答案

（63）C

试题（64）

任何一个团队从开始组建到最终达到绩效要求，需要一个周期。依据塔克曼群体发展模型，结合 IT 服务管理工作特性，将团队建设周期分为四个阶段，它们分别是（未按正确次序排列）：

①风暴期　　②表现期　　③组建期　　④规范期

团队建设周期的正确排序为__(64)__。

(64) A. ③→①→④→②　　　　　B. ①→③→④→②
　　　C. ③→①→②→④　　　　　D. ①→②→③→④

试题（64）分析

本题考查对 IT 服务团队建设周期的四个阶段的理解。

在 IT 服务团队建设与管理中，依据塔克曼群体发展模型，结合 IT 服务管理工作特性，将 IT 服务团队建设周期共分成四个阶段，从最初的组建期，经过风暴期和规范期，最终到达表现期，是一个顺次变化的过程。

综上所述，IT 服务团队的建设周期的正确次序为③→①→④→②。

参考答案

（64）A

试题（65）

IT 服务团队建设周期中，组建期有四个关键步骤，其前后顺序不能改变。现将次序打乱为：

①确定目标　　②稳定核心成员　　③了解现状　　④建立团队价值观

下面　（65）　是其正确的排序方式。

(65) A. ③→④→②→①　　　　　　B. ③→②→①→④
　　　C. ③→①→②→④　　　　　　D. ②→④→③→①

试题（65）分析

本题考查对 IT 服务团队建设周期中的组建期的理解。

在 IT 服务团队建设与管理中，IT 服务团队建设周期共分成四个阶段，其中组建期包括了四个步骤，按顺序分别是了解现状、稳定核心成员、确定目标和建立团队价值观。

综上所述，IT 服务团队的建设周期中的组建期的四个关键步骤的正确次序为③→②→①→④。

参考答案

（65）B

试题（66）

IT 服务团队管理中的激励管理，包括了团队激励和个人激励。个人激励相比于团队激励更偏重个人的感受，参照马斯洛需求理论，将人的需要划分为五种，下面　（66）　不属于马斯洛理论所定义的人的需求。

(66) A. 自我实现的需要　　　　　　B. 尊重的需要
　　　C. 生理的需要　　　　　　　　D. 企业社会责任的需要

试题（66）分析

本题考查对 IT 服务团队管理中的个人激励的理解。

在 IT 服务团队建设与管理中，IT 服务团队的激励管理包括了团队激励和个人激励，其中个人激励参考的马斯洛理论将人的需要分为五大类，分别是生理需要、安全需要（安全保障）、感情需要（社会群居）、尊重的需要（尊荣感）和自我实现的需要。

马斯洛理论所定义的人的五大需要中不包括社会责任的需要。

参考答案

（66）D

试题（67）

制定标准的重要基础是在一定的范围内充分反映各相关方的利益，并对不同意见进行协调与协商，从而取得一致。对我国而言，由国务院标准化行政主管部门组织制定，并对国民经济和技术发展有重大意义，需要在全国范围内统一的标准是　（67）　。

（67）A．行业标准　　　　　　　　B．国际标准
　　　 C．国家标准　　　　　　　　D．企业标准

试题（67）分析

本题考查对标准化知识中标准分类的理解。

在标准化过程中，依据制定标准的参与者所涉及的范围，也就是标准的适用范围，可将标准分为：国际标准、国家标准、行业标准、地方标准和企业标准等。其中：

国际标准是指"国际标准化组织（ISO）、国际电工委员会（IEC）和国际电信联盟（ITU）以及 ISO 确认并公布的其他组织"制定的标准；

国家标准是指由国务院标准化行政主管部门组织制定，并对全国国民经济和技术发展有重大意义，需要在全国范围内统一的标准；

行业标准是指国家的某个行业通过并公开发布的标准，对我国而言，行业标准是对没有国家标准而又需要在全国某个行业范围内统一的技术要求所指定的标准；

地方标准是指"在国家的某个地区通过并公开发布的标准"，对我国而言，地方标准是针对没有国家标准和行业标准，而又需要在省、自治区、直辖市范围内统一技术要求所制定的标准；

企业标准是指针对企业范围内需要协调和统一的技术要求、管理要求和工作要求所制定的标准。

参考答案

（67）C

试题（68）

ITSS（Information Technology Service Standards）是一套成体系和综合配套的信息技术服务标准库，全面规范了信息技术服务产品及其组成要素，用于指导实施标准化和可信赖的信息技术服务。该体系的组成要素包括___（68）___。

（68）A．人员、过程、工具、资源　　　B．人员、过程、管理、资源
　　　 C．人员、过程、技术、资源　　　D．人员、过程、组织、资源

试题（68）分析

本题考查对 IT 服务国家标准的理解。

在 IT 服务国家标准体系中，ITSS（Information Technology Service Standards）是一套成体系和综合配套的信息技术服务标准库，全面规范了信息技术服务产品及其组成要素，用于指导实施标准化和可信赖的信息技术服务。该体系中组成要素包括了人员（People）、过程（Process）、技术（Technology）和资源（Resource），简称"PPTR"。要素中不包括工具、管理和组织。

参考答案

（68）C

试题（69）

IT 服务的广泛应用对从业人员的职业素养和法律法规知识提出了更高的要求，在职业素养中，要求从业者具有职业责任，下面"__（69）__"不是要求的职业责任。

(69) A. 应遵守相关组织如甲方、乙方或业内共识的制度和政策

B. 在合理和清楚的事实基础上，可以不管他人在项目管理方面可能违反行为准则的情况

C. 有责任向客户、用户、供应商说明可能潜在的利益冲突或明显不恰当的重大情况

D. 在职业发展中，应认可和尊重他人开发或拥有的知识产权，以准确、真实和完整的方式在所有与项目有关的各项活动中遵守规则，并推动和支持向其同行宣传职业行为准则

试题（69）分析

本题考查对 IT 从业人员职业素养的理解。

在 IT 从业人员职业素养的要求中，对于从业者具有的职业责任，一共有五项：

①应遵守相关组织如甲方、乙方或业内共识的制度和政策；

②在合理和清楚的事实基础上，报告他人在项目管理方面可能违反行为准则的情况，检举和举报违反职业道德的行为；

③有责任向客户、用户、供应商说明可能潜在的利益冲突或明显不恰当的重大情况；

④在职业实践中，应该准确、真实地提供关于资格、经验和服务绩效的信息，并应在提供项目管理服务时，遵守所在地的有关项目管理实践的相关法律、规章和道德标准；

⑤在职业发展中，应认可和尊重他人开发或拥有的知识产权，以准确、真实和完整的方式在所有与项目有关的各项活动中遵守规则，并推动和支持向其同行宣传 IT 服务经理职业行为准则。

综上所述，B 选项提及的不管他人在项目管理方面可能违反行为准则的情况违背了职业责任的要求。

参考答案

（69）B

试题（70）

法律通常规定社会政治、经济和其他社会生活中最基本的社会关系或行为准则。一般来说，法律的效力仅低于宪法，其他一切行政法规和地方性法规都不得与法律相抵触。在常用的法律法规中，因调整知识产权的归属、行使、管理和保护等活动中产生的社会关系的法律规范的总称是__（70）__。

(70) A. 著作权法 　　　　　　　　B. 合同法

C. 劳动法 　　　　　　　　　D. 知识产权法

试题（70）分析

本题考查 IT 服务从业人员对常用法律法规的理解。

在 IT 服务从业人员中，职业素养的培养和提升以及法律法规的学习与掌握是基本要求，而其常用的法律法规有下面几种。

①合同法（《中华人民共和国合同法》）。合同是平等主体的自然人、法人和其他组织之间设立、变更、终止民事权利义务关系的协议。

②招投标法（《中华人民共和国招投标法》）。招投标法是规范招投标活动的一部法律，它规范了招标、投标、开标、评标和中标活动。招投标法明确了招投标活动中的相关法律责任。

③著作权法（《中华人民共和国著作权法》）。著作权法明确了什么是作品、适用范围、著作权、著作权许可使用和转让合同等。

④政府采购法（《中华人民共和国政府采购法》）。政府采购法以立法的方式强制规定了有关政府采购的相关活动，该法明确了政府采购当事人、政府采购方式、政府采购程序、政府采购合同、质疑与投诉、监督检查以及法律责任。

⑤劳动法（《中华人民共和国劳动法》）。劳动法是国家为了保护劳动者的合法权益，调整劳动关系，建立和维护适应社会主义市场经济的劳动制度，促进经济发展和社会进步，根据宪法而制定颁布的法律。

⑥知识产权法（《中华人民共和国知识产权法》）。知识产权法是指因调整知识产权的归属、行使、管理和保护等活动中产生的社会关系的法律规范的总称。

题目中给出的定义是知识产权法的定义。

参考答案

（70）D

试题（71）～（75）

Typically, an IP address refers to an individual host on a particular network. IP also accommodates addresses that refer to a group of hosts on one or more networks. Such addresses are referred to as multicast addresses, and the act of sending a packet from a source to the members of a __(71)__ group is referred to as multicasting. Multicasting done __(72)__ the scope of a single LAN segment is straightforward. IEEE 802 and other LAN protocols include provision for MAC-level multicast addresses. A packet with a multicast address is transmitted on a LAN segment. Those stations that are members of the __(73)__ multicast group recognize the multicast address and __(74)__ the packet. In this case, only a single copy of the packet is ever transmitted. This technique works because of the __(75)__ nature of a LAN: A transmission from any one station is received by all other stations on the LAN.

（71）A．numerous　　B．only　　　C．single　　　D．multicast

（72）A．within　　　B．out of　　C．beyond　　　D．cover

(73) A. different   B. unique   C. special   D. corresponding
(74) A. reject   B. accept   C. discard   D. transmit
(75) A. multicast   B. unicast   C. broadcast   D. multiple unicast

参考译文

通常，一个 IP 地址指向某网络上的一个主机。IP 同时也具有指向一个或多个网络中的一组主机的地址形式，这种地址称为多播地址，而将分组从一个源点发送到一个多播组所有成员的行为称为多播。在单个局域网段范围内的多播操作相当简单。IEEE 802 和其他局域网协议都包括了对 MAC 层多播地址的支持。当一个具有多播地址的分组在某个局域网段上传输时，相应多播组的成员都能识别出这个多播地址，并接受该分组。在这种情况下，只需要传输一个分组副本。这种技术之所以能行之有效，是因为局域网本身具有广播特性：来自任何一个站点上的传输都会被局域网中的所有其他站点接收到。

参考答案

(71) D   (72) A   (73) D   (74) B   (75) C

第2章 2017下半年系统规划与管理师下午试题I分析与解答

试题一（共25分）

请详细阅读以下关于IT服务管理的说明，回答问题1至问题3，并将解答填入答题纸的对应栏内。

【说明】

陈俊是某公司运维部门经理，由于最近反馈到运维部门的事件数量下降，陈经理自然认为客户的抱怨比前期少了。周三陈经理按照惯例去和客户开碰头会。

"早啊，何总。"陈经理一进会议室就与客户主管何总打了招呼。

"嗯"何总阴沉着脸应了一句。陈经理一看觉得气氛不对，再一看周边几个区域管理员都没了以往的兴致勃勃的劲，老老实实坐在那里，便意识到出了问题，立刻打起十二分的精神。

"开会了！"何总看到陈经理进来之后立刻宣布会议开始，并说"今天的会议就一个主题：维护。上周公司领导去基层检查工作发现计算机设备维护存在不少问题。"，陈经理一听便知何总下面的话是说给自己听的。

"最近系统运行不稳定，我们要求提供服务的时候，系统却停止服务进行维修，不能提供充分的服务时间"。何总说到这里有点激动，接着说"希望你们尽快解决这个问题，确保提供正常的系统服务。特别是公司要在'十一'黄金周进行促销活动，你们必须为黄金周业务的正常运营提供保障"。

陈经理返回办公室后仔细查阅了相关《运维服务合同》，但从该合同中无法得知"十一"期间是否一定要提供服务，并且"十一"期间维护部门已经安排了系统检修工作。

【问题1】（9分）

在该案例中系统维护要求与客户服务要求存在哪些问题。

【问题2】（10分）

请举例说明IT服务需求识别阶段的5个方面的活动。

【问题3】（6分）

请根据试题说明，列举出IT服务运营管理中应当充分重视并执行的3个事项。

试题一分析

【问题1】

从陈经理与何总的对话中可以看出计算机设备维护主要存在三个方面的问题。第一，近期系统运行不稳定，客户要求提供服务的时候，反馈到运行经理，缺乏必要运行支撑系统；第二，客户要求服务时，系统却停止服务进行维修，服务水平管理无法充分了解客户需求，造成在客户需要服务的时期进行系统维护；第三，可用性管理要求系统运行过程中要有适当的维护期，而系统在维护期中停止系统运行，缺乏统一的可用性管理。

【问题 2】

IT 服务需求识别阶段的主要包括 6 个方面的活动：IT 服务可用性需求识别、业务连续性需求识别、IT 服务能力需求识别、信息安全需求识别、价格需求识别和 IT 服务报告需求识别。IT 服务需求识别目的包括如下几个方面：

了解客户的基本需求，分析潜在客户的不同需求，为 IT 服务方案设计奠定基础。

了解客户对系统的可用性和连续性的需求。

进行合理的 IT 服务资源的需求。

为预算 IT 服务成本、设计定价及收费模式奠定基础。

【问题 3】

IT 服务运营管理中应当充分重视并执行的 3 个事项：

第一，更新服务目录并管理服务级别变更。更新服务目录是确保服务目录中包含的信息的准确可靠，反映出实际环境中正在运营、或正准备运营的所有服务的当前详细信息、状态、接口和依赖性。服务级别管理（service-level management）指对一个组织的服务质量（QoS）的关键绩效指标（KPI）的监视和管理。由于服务级别管理涉及实际绩效跟预定期望之间的比较、决定适当的行动以及产生有意义的报告，所以需要对管理服务级别进行变更。

第二，监控服务级别协议执行情况。服务级别协议是指提供服务的企业与客户之间就服务的品质、水准、性能等方面所达成的双方共同认可的协议或契约。为了保证给客户提供优质的 IT 服务并使客户满意，需要实时监控服务级别协议执行情况。

第三，对关键性指标进行管理。关键性指标包括：服务目录定义的完整性、签定服务级别协议的规范性、服务级别考核评估机构的有效性和完整性。

参考答案

【问题 1】

（1）近期系统运行状况不能得到充分反映，客户反映事件无法完全反馈到运行经理，缺乏必要运行支撑系统；

（2）由于客户要求的服务时间变动比较大，服务水平管理无法充分了解客户需求，造成在客户需要服务的时期进行系统维护；

（3）缺乏统一的可用性管理。可用性管理要求系统运行过程中要有适当的维护期，在维护期中停止系统运行。

【问题 2】

（1）IT 服务可用性需求识别

（2）业务连续性需求识别

（3）IT 服务能力需求识别

（4）信息安全需求识别

（5）价格需求识别

（6）IT 服务报告需求识别

【问题 3】

（1）更新服务目录并管理服务级别变更

（2）监控服务级别协议执行情况

（3）对关键性指标进行管理（关键性指标包括：服务目录定义的完整性、签定服务级别协议的规范性、服务级别考核评估机构的有效性和完整性）

试题二（共 25 分）

请详细阅读以下关于项目实施方面的说明，回答问题 1 至问题 3，并将解答填入答题纸的对应栏内。

【说明】

李涛是某公司一名技术骨干，沟通能力比较强，因此项目部张经理委派他担任一个中等项目的项目经理。李涛负责的项目有以下特点：

（1）项目刚刚完成立项，从项目的技术可行性分析预计规模为 100 人月，涉及 5 个需求部门。

（2）项目涉及与合作方的实时联机交易和批量文件交换，必须在 6 个月后按合作方规定的日期投产（该投产日期非版本计划投产日），投产前必须通过合作方的验收。

（3）与合作方的连接需要使用新设备，涉及采购。新设备中的应用程序由设备提供商负责开发。

（4）项目组成员中的新员工比率达 30%。

【问题 1】（9 分）

在 IT 服务风险管理中，风险识别主要包含哪些内容？

【问题 2】（12 分）

（1）请根据试题的说明识别本项目存在的风险。

（2）针对已识别的风险应采取哪些应对措施。

【问题 3】（4 分）

从风险管控的角度出发，李涛应如何进行管理，以确保项目顺利实施。

试题二分析

【问题 1】

在 IT 服务风险管理中，风险识别（Risk identification）是 IT 服务风险管理的第一步，也是 IT 服务风险管理的基础。只有在确定服务可能会遇到的潜在风险，识别引起风险的主要因素，识别 IT 服务风险可能引起的后果的基础上，人们才能够主动选择适当有效的方法进行的处理。

【问题 2】

（1）根据试题的说明，可以得出本项目存在的风险包括：进度风险、规模风险、技术风险、外部风险和人员风险。分析如下：

进度风险分析：根据题意"项目预计规模为 100 人月"，按项目标准工期模型，此项目开发周期约为 215 工作日，其中需求编写阶段需要 28 工作日。距离合作方要求的投产时间只有 6 个月（约 132）工作日，实际工期只有理论工期的 61%。如果考虑安排 1 个月适合性测试，开发实际工期只有理论工期的 51%，那么该项目存在进度风险，可能导致项目延期。

规模风险分析：根据试题说明（1）的描述中可以看出，项目刚刚完成立项，涉及业务需求部门多达 5 个，有潜在的产品规模风险。

技术风险分析：根据试题说明（2）的描述中可以看出，合作方要求的投产时间点与版本计划投产日不一致，投产前涉及版本同步工作，有潜在的技术风险。

外部风险分析：根据试题说明（3）的描述中可以看出，与合作方的连接是项目实施的关键路径，涉及采购和外公司的程序开发，有潜在的外部风险。

人员风险分析：根据试题说明（4）的描述中可以看出，项目组新员工比率高达 30%，新人比率过高，有人员风险。

（2）针对已识别的风险应采取应对措施：减缓进度风险、接受规模风险、减缓外部风险、接受技术风险和接受人员风险。详细分析见参考答案。

【问题 3】

从风险管控的角度出发，李涛收到任务后，首先需要对项目的基本情况进行分析，制订风险管理计划；进行风险识别并对已识别的风险进行定性分析和定量分析，制定相关措施来避免风险的发生或降低风险的影响；制订风险处置计划，即根据优先级顺序，同时考虑实际需要，把应对风险所需成本和措施加入 IT 服务预算和进度中；进行风险监控，即在项目的各阶段，对各种风险依赖进行定期的监控和处理。

参考答案

【问题 1】

风险识别的主要内容包括以下三个方面：

（1）识别并确认 IT 服务的潜在风险：确定服务可能会遇到的风险，分析这些风险的性质和后果，全面分析服务的各种影响因素，找出可能存在的各种风险，整理汇总成风险清单。

（2）识别引起风险的主要因素：识别各风险的主要影响因素，把握风险发展变化的规律。衡量风险的可能性与后果。可以根据风险清单，全面分析各风险的主要影响因素，描述清楚这些风险的主要因素与风险的相互关系。

（3）识别 IT 服务风险可能引起的后果：风险识别的根本目的就是要缩小和消除风险可能带来的不利后果，所以要分析风险可能带来的后果和这种后果的严重程度。这一阶段主要依靠定性分析来界定风险可能带来的各种后果。

【问题 2】

（1）识别的风险：

①进度风险。项目规模为 100 人月，按项目标准工期模型，此项目开发周期约为 215 工

作日，其中需求编写阶段需要28工作日。而离合作方要求的投产时间只有6个月（约132）工作日，实际工期只有理论工期的61%。如果考虑安排1个月适合性测试，开发实际工期只有理论工期的51%，存在进度风险，可能导致项目延期。

②规模风险。业务需求部门多达5个，有潜在的产品规模风险。

③技术风险。合作方要求的投产时间点与版本计划投产日不一致，投产前涉及版本同步工作，有潜在的技术风险。

④外部风险。与合作方的连接是项目实施的关键路径，涉及采购和外公司的程序开发，有潜在的外部风险。

⑤人员风险。项目组新人比率过高，有人员风险。

（2）应对措施：

①减缓进度风险。在项目计划上，申请测试流程整合，裁剪适应性测试和非必选流程，并要求适应性测试人员从项目需求编写阶段就分批加入项目，尽可能保障项目的开发工期。

②接受规模风险。在项目前期，要求各业务部门到项目承担部门与项目组设计人员一并集中办公，增加需求的整体感，并提高效率，减少需求文档编制阶段的时间。对于各部门未达成一致且优先级较低的需求，可考虑在二期实现，以减缓此风险。

③减缓外部风险。第一时间提交采购所需文档，申请通过紧急流程进行采购活动。需求明确后，优先安排与外公司的接口设计工作。

④接受技术风险。提前规划和申请项目所要使用的各种开发、验证环境。

⑤接受人员风险。在需求编制阶段，启动对新员工的技术和业务培训。并通过完成练习题的方式检查培训结果。并与各开发部门沟通，确认这些资源的按计划投入。

【问题3】

（1）制订风险管理计划：李涛收到任务后，先对项目的基本情况进行分析，用风险条目检查表，评估出潜在风险。

（2）进行风险识别，并对已识别的风险进行定性分析和定量分析：明确相关风险后，项目经理针对各类风险，制订相关措施来避免风险的发生或降低风险的影响。

（3）制订风险处置计划：根据优先级顺序，同时考虑实际需要，把应对风险所需成本和措施加入IT服务预算和进度中。

（4）进行风险监控：在项目的各阶段，对各种风险依赖进行定期的监控和处理。每周对风险依赖进行监控，在项目例会对风险进行讨论，对于未按时解除的风险，通过风险确认函、专题汇报、风险周报等方式将风险升级。

试题三（共25分）

请详细阅读有关信息安全管理方面的说明，回答问题1至问题3，并将解答填入答题纸的对应栏内。

【说明】

（1）2017年5月12日，新型"蠕虫"勒索病毒WannaCry在全球大规模爆发。这是一起利用 NSA 黑客武器库泄露的"永恒之蓝"发起的病毒攻击事件。国内连接校园网的电脑以及部分企业中了该病毒，造成许多高校毕业生的论文以及企业单位的文档被锁，需要支付高额赎金才能解密。

（2）2017 年 6 月 27 日，乌克兰、俄罗斯、印度及欧洲多个国家遭遇新型勒索病毒 Petya 的袭击，政府、银行、电力系统、通信系统、企业以及机场都不同程度受到了影响。国内已有个别企业用户疑似遭到攻击。

（3）"永恒之蓝"会扫描开放 445 等端口的安装有 Windows 操作系统的机器，并利用相关系统漏洞，无须任何操作，只要开机上网，就能在电脑和服务器中植入勒索病毒，并进行大规模爆发性传播。

【问题 1】（5 分）

《计算机信息安全保护等级划分准则》中规定的计算机信息系统安全保护能力共分哪几个等级。

【问题 2】（8 分）

请简述在建立信息安全管理体系（ISMS）中使用的模型原理。

【问题 3】（12 分）

（1）针对上述病毒应该采用什么应对措施。

（2）从信息安全管理角度应采取哪些预防措施。

试题三分析

【问题 1】

《计算机信息安全保护等级划分准则》中规定的计算机信息系统安全保护能力共分五个等级。第一级：用户自主保护级；第二级：系统审计保护级；第三级：安全标记保护级；第四级：结构化保护级；第五级：访问验证保护级。

【问题 2】

在建立信息安全管理体系（Information Security Management Systems，ISMS）中，使用 PDCA 模型作为建立信息安全管理体系的模型。PDCA 模型中，P（Plan）即计划，根据风险评估结果、法律法规要求、组织确定控制目标与控制措施；D（Do）即实施，实施所选的安全控制措施，并运行信息安全管理体系；C（Check）即检查，依据策略、程序、标准和法律法规，对安全措施的实施情况进行符合性检查；A（Action）即改进，根据 ISMS 审核、管理评审的结果及其他相关信息，采取纠正和预防措施，实现 ISMS 的持续改进。

【问题 3】

（1）根据试题说明的描述，应该采用如下应对措施：

①针对此病毒特征，利用防火墙，关闭企事业单位互联网入口的 445 等端口。

②对于企事业单位内部的计算机及服务器，可以通过安装相关的操作系统及软件的安全补丁来解决。

③如果发现有计算机被感染病毒，需要立刻断开网络连接，进行处理。这样可以避免在

局域网内爆发大规模的传播。

（2）从信息安全管理角度应采取相关的预防措施，详细内容见参考答案。

参考答案
【问题 1】
　　第一级：用户自主保护级
　　第二级：系统审计保护级
　　第三级：安全标记保护级
　　第四级：结构化保护级
　　第五级：访问验证保护级

【问题 2】
　　使用 PDCA 模型作为建立信息安全管理体系的模型。
　　P——建立信息安全管理体系及风险评估，根据风险评估结果、法律法规要求、组织确定控制目标与控制措施；
　　D——实施并运行信息安全管理体系；
　　C——监视并评审信息安全管理体系，对安全措施的实施情况进行符合性检查；
　　A——改进信息安全管理体系，根据 ISMS 审核、管理评审的结果及其他相关信息，采取纠正和预防措施，实现 ISMS 的持续改进。

【问题 3】
　　（1）应对措施：
　　①针对此病毒特征，利用防火墙，关闭企事业单位互联网入口的 445 等端口。
　　②对于企事业单位内部的计算机及服务器安装相关的操作系统及软件的安全补丁。
　　③若发现有计算机感染，需要立刻断开网络连接，进行处理，避免在局域网内爆发大规模的传播。
　　（2）预防措施：
　　①建立信息安全保障机制及相应的紧急事件应急体系，明确人员的分工和责任。
　　②使用网络安全产品，确保企事业单位互联网出入口的信息安全。
　　③使用技术手段，确保企事业单位内部的计算机和服务器的防病毒软件和操作系统补丁是最新。
　　④建立容灾备份及恢复机制，对重要数据有备份和恢复方法并进行定期进行演练。

第3章 2017下半年系统规划与管理师下午试题 II 写作要点

> 从下列的 2 道试题（试题一至试题二）中任选 1 道解答。请在答题纸上的指定位置处将所选择试题的题号框涂黑。若多涂或者未涂题号框，则对题号最小的一道试题进行评分。

试题一 论 IT 服务方案设计及实施

随着 IT 技术日新月异的变化，各行各业的 IT 系统也越来越复杂。如何保障 IT 系统的正常运行，为用户提供优质的 IT 服务，已经成为 IT 部门及用户关注的热点问题。IT 服务规划设计处于 IT 服务生命期的最前端，IT 服务方案设计是 IT 服务规划设计阶段的核心工作，方案设计的好坏对于确保系统的运营质量具有十分重要的意义。IT 服务方案在实施过程中可能会出现各种问题，因此需要及时跟踪用户需求的变化，及时进行调整，达成一个多方都满意的服务，其主要内容：及时收集用户的需求变更，分析现有服务方案对于服务质量的影响，提出 IT 服务的改进方案。

请以"IT 服务方案设计及实施"为题，分别从以下三个方面进行论述：

1. 概要叙述你所参与的 IT 服务方案设计的服务对象和业务场景，以及你在该服务方案设计中所承担的主要工作。
2. 详细阐述你所参与的 IT 服务方案是如何进行服务模式和服务级别的设计。
3. 详细说明你所参与的 IT 服务方案具体实施过程和效果，在实施过程中出现过什么问题，如何改进的。

写作要点：

一、简要介绍你所参与的 IT 服务方案设计的 IT 系统的基本情况，并说明你在其中所担任的主要工作。

注意：该部分内容主要考查考生是否真正参与过 IT 服务方面的相关工作。

二、分别论述：

1. 简述你所参与的 IT 服务方案采用的服务模式和服务级别。

（1）服务模式分为远程支持、现场服务及集中监控。

（2）服务级别指供方与客户方就服务的质量、性能等方面达成的双方共同认可的级别要求。

2. IT 服务模式方面：详细阐述为什么采用该服务模式，其目的是什么。要求从供方与客户方的角度分析其优缺点。

3. IT 服务级别方面：详细阐述为什么这样设定服务级别，其目的是什么。要求从供方与客户方的角度分析其优缺点。

注意：该部分内容要论点清楚、逻辑性强、分析合理可信。

三、分别论述：

1. 说明你所参与的 IT 服务方案的具体实施过程和效果如何。
2. 在实施过程中出现过什么问题，是如何改进的。

注意：该部分内容要结合具体的 IT 服务方案实施过程来描述，因此出现的相关资料数据要前后一致，对问题的处理及改进方法真实可信。

试题二　论 IT 服务团队管理

IT 服务团队人员的岗位包括管理岗、技术岗和操作岗，都需要较高的服务意识，工作中需注重流程化与规范化，使用专门的工具来提高服务质量，同时注重知识的积累及转移，以便主动发现问题并解决问题。团队管理一般包括目标管理、激励管理、执行管理和人员发展管理等，IT 服务团队通过执行管理，充分合理运用组织资源，不断改进组织环境并提高效率，使得团队的整体效能得以充分发挥，以促进组织战略目标的实现。

请以"IT 服务团队管理"为题，分别从以下三个方面进行论述：

1. 简要叙述你所在的 IT 服务团队基本情况，以及你在其中承担的主要工作；
2. 结合你参与过的 IT 服务项目及其特点，论述如何进行团队管理；
3. 结合实际 IT 服务项目团队管理工作中遇到的问题，简要叙述团队管理实施过程中的经验和教训。

写作要点：

一、简要叙述你所在的 IT 服务团队基本情况，以及你在其中承担的主要工作。

注意：该部分内容主要考查考生是否真正参与过 IT 服务团队管理方面的相关工作。

二、结合所参与过的 IT 服务项目及其特点，论述如何进行团队管理。

1. 考生需简述所参与的 IT 服务项目及其特点。
2. 论述如何进行团队管理时，可从目标管理、激励管理、执行管理和人员发展管理方面论述一个 IT 服务团队的管理，需涉及 IT 服务团队的整体效能发挥情况。

注意：该部分内容要论点清楚、逻辑性强、分析合理可信。考生论文需结合具体的团队构成、工作情况和 IT 服务项目特点展开论述，避免空泛地论述管理理念。

三、结合实际管理工作中遇到的问题，简要叙述团队管理的经验和教训。

注意：该部分内容要结合具体的 IT 服务项目的团队管理过程来描述，因此出现的相关资料数据要前后一致，对经验和教训的叙述内容真实可信。

第4章 2018上半年系统规划与管理师上午试题分析与解答

试题（1）

以下关于信息传输的描述，不正确的是：__（1）__。

(1) A．信源是产生信息的实体，信息产生后通过它向外传播

B．信息传输模型要素中，噪声主要干扰信息的接收者

C．TCP/IP 网络、4G 网络和卫星网络都是传送信息的通道

D．适当增加冗余编码，可在一定程度上提高信息传输的可靠性

试题（1）分析

参考《系统规划与管理师教程》[1]1.1.3 小节。

信息只有流动起来，才能体现其价值，所以信息的传输技术是信息技术的核心。信息传输模型主要包括信源、编码、信道、解码、信宿和噪声，其中噪声可以理解为干扰，干扰信道，当噪声携带的信息大到一定程度的时候，在信道中传输的信息可被噪声淹没导致传输失败。信道可以从逻辑上理解为抽象信道，如 TCP/IP 网络，也可以是具有物理意义的实际传送通道，如 4G 网络、卫星网络等。在信息编码时，恰当地增加冗余编码，可以在一定程度上提高信息传输的可靠性。

参考答案

(1) B

试题（2）

实施"中国制造 2025"，促进两化深度融合，加快从制造大国转向制造强国，需要电子信息产业有力支撑，大力发展新一代信息技术，加快发展 __（2）__ 和工业互联网。

(2) A．智能工业   B．互联互通

C．智能制造   D．协同制造

试题（2）分析

参考《系统规划与管理师教程》1.2.4 小节。

实施"中国制造 2025"，促进两化深度融合，加快从制造大国转向制造强国，需要电子信息产业有力支撑，大力发展新一代信息技术，加快发展智能制造和工业互联网。

参考答案

(2) C

---

[1] 本章提及的《系统规划与管理师教程》（ISBN 9787302476160）是全国计算机技术与软件专业技术资格（水平）考试指定用书，由清华大学出版社出版。

试题（3）

信息系统的生命周期可以简化为立项、开发、运维及消亡 4 个阶段。__(3)__ 属于开发阶段的工作。

(3) A．需求分析　　　　　　　　B．系统分析
　　 C．系统维护　　　　　　　　D．概念设计

试题（3）分析

参考《系统规划与管理师教程》1.3.2 小节。

信息系统的生命周期可以简化为立项、开发、运维及消亡 4 个阶段，其中开发阶段包括系统分析、系统设计、系统实施及系统验收等工作。

参考答案

(3) B

试题（4）

诺兰模型将计算机信息系统的发展道路划分为六个阶段，即初始期、普及期、控制期、__(4)__ 期、数据管理期和成熟期。

(4) A．规划　　　　B．分析　　　　C．维护　　　　D．整合

试题（4）分析

参考《系统规划与管理师教程》1.3.4 小节。

诺兰模型的六个阶段分别是：初始阶段、普及阶段、控制阶段、整合阶段、数据管理阶段和成熟阶段。第四阶段整合阶段，组织从管理计算机转向管理信息资源，这是一个质的飞跃。从第一阶段到第三阶段，通常产生了很多独立的实体。在第四阶段，组织开始使用数据库和远程通信技术，努力整合现有的信息系统。

参考答案

(4) D

试题（5）

信息技术战略（IT Strategy）是企业经营战略的有机组成部分，其主要由 __(5)__ 组成。

(5) A．使命、远景目标、中长期目标、策略路线
　　 B．使命、远景目标、中长期目标、短期目标
　　 C．使命、方针、中长期目标、策略路线
　　 D．使命、方针、中短期目标、策略路线

试题（5）分析

参考《系统规划与管理师教程》1.4.1 小节。

信息技术战略由以下部分组成：(1) 使命（Mission）：阐述信息技术存在的理由、目的以及在企业中的作用。(2) 远景目标（Vision）：信息技术的发展方向和结果。(3) 中长期目标（Medium to Long-term Objectives）：远景目标的具体化，即企业未来 2～3 年信息技术发展的具体目标。(4) 策略路线/战略要点（Strategy Point）：实现上述中长期目标的途径或路线。主要围绕信

息技术内涵的四个方面展开：即应用（Application）、数据（Data）、技术（Technology）和组织（Organization）。

参考答案

（5）A

试题（6）

根据战略规划的一般理论，IT 战略规划始于对信息技术内外部环境（现状）的分析，其终极任务是：___（6）___。

(6) A．搞清现状与未来状态之间的差距并制定实施策略或解决方案

B．理解业务部门的现在与未来，理解业务部门的政策，定义目标和优先权

C．通过信息系统改进业务的机会、淘汰那些不能够带来投资回报或对业务目标贡献较小的信息系统

D．评估信息系统支持业务部门的程度、信息系统计划是否适合业务部门、信息系统供应的效能与效率、指出信息系统能够提供的潜在业务机会

试题（6）分析

参考《系统规划与管理师教程》1.4.3 小节。

根据战略规划的一般理论，信息技术战略规划始于对信息技术内外部环境（现状）的分析，核心是构建信息技术发展战略（未来状态），终极任务是搞清现状与未来状态之间的差距并制定实施策略或解决方案（从现状到未来状态的路径）。信息技术战略规划包括如下几个主要步骤：（1）业务分析，主要内容是理解业务部门的现在与未来，理解业务部门的政策，定义目标和优先权；（2）评估现行系统，主要检查当前的信息技术系统和信息技术体系结构，重点是评估信息系统支持业务部门的程度、信息系统计划是否适合业务部门、信息系统供应的效能与效率、指出信息系统能够提供的潜在业务机会；（3）识别机会，重点是定义通过信息系统改进业务的机会、消除那些不能够带来投资回报或对业务目标贡献较小的信息系统；（4）选择方案，主要任务是寻找和确定内在一致的机会和方案。

参考答案

（6）A

试题（7）

使软件产品能够在变化的环境中继续使用的维护是___（7）___。

(7) A．更正性维护 　　　　　　　　B．适应性维护

C．预防性维护 　　　　　　　　D．完善性维护

试题（7）分析

参考《系统规划与管理师教程》2.1.2 小节。

软件维护（Software maintenance）是一个软件工程名词，是指在软件产品发布后，因修正错误、提升性能或其他属性而进行的软件修改。软件维护活动类型总起来大概有四种：更正性维护（校正性维护）、适应性维护、完善性维护、预防性维护。更正性维护：更正交付

后发现的错误；适应性维护：使软件产品能够在变化后或变化中的环境中继续使用；完善性维护：改进交付后产品的性能和可维护性；预防性维护：在软件产品中的潜在错误成为实际错误前，检测并更正。

参考答案

（7）B

试题（8）

在面向对象的编程方法中，下图的 teach() 是__（8）__。

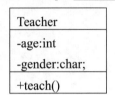

（8）A．函数　　　　　B．对象　　　　　C．组件　　　　　D．类

试题（8）分析

参考《系统规划与管理师教程》2.2.1 小节。

类是现实世界中实体的形式化描述，类将该实体的属性（数据）和操作（函数）封装在一起。上图中，Teacher 是定义的类，age、gender 是成员变量，teach() 是成员函数。

参考答案

（8）A

试题（9）

面向消息中间件（MOM）通过高效可靠的__（9）__，在分布式环境下扩展进程间的通信，可支撑多种通信协议、语言、应用程序、硬件和软件平台。

（9）A．消息扩展机制　　　　　　　B．消息共享机制
　　　C．消息传递机制　　　　　　　D．消息处理机制

试题（9）分析

参考《系统规划与管理师教程》2.3.5 小节。

消息中间件（MOM）是利用高效可靠的消息传递机制进行平台无关的数据传递，并可基于数据通信来进行分布式系统的集成。通过提供消息传递和消息排队模型，它可以在分布式环境下扩展进程间的通信，并可支撑多种通信协议、语言、应用程序、硬件和软件平台。

参考答案

（9）C

试题（10）

随着用户需求的增加，IP 地址从 IPv4 版本升级到 IPv6 版本，IPv6 由__（10）__位二进制数组成。

（10）A．32　　　　　B．256　　　　　C．64　　　　　D．128

试题（10）分析

参考《系统规划与管理师教程》2.4.1 小节。

互联网协议地址（Internet Protocol Address），IP 地址是 IP 协议提供的一种统一的地址格式，它为互联网上的每一个网络和每一台主机分配一个逻辑地址，以此来屏蔽物理地址的差异。IPv4 是 32 位地址，但是随着用户需求的增加，IPv4 的网络地址资源有限，严重制约了互联网的应用和发展。IPv6 是 IETF（互联网工程任务组）设计的用于替代现行版本 IP 协议（IPv4）的下一代 IP 协议，IPv6 的地址长度为 128 位（比特），是 IPv4 地址长度的 4 倍。

参考答案

（10）D

试题（11）

___(11)___ 不属于网络接入技术。

(11) A．HFC   B．WSDL   C．Fiber   D．WiFi

试题（11）分析

参考《系统规划与管理师教程》2.4.2 小节。

网络接入分为：光纤接入、同轴接入、铜线接入和无线接入。光纤（Fiber）是目前传输速率最高的传输介质，在主干网中已大量的采用了光纤。同轴接入，同轴电缆也是传输带宽比较大的一种传输介质，混合光纤/铜轴（HFC）接入技术的一大优点是可以利用现有的 CATV 网，从而降低网络接入成本。铜线接入是指以现有的电话线为传输介质，利用各种先进的调制技术和编码技术、数字信号处理技术来提高铜线的传输速率和传输距离。铜线接入技术是一种应用最广的技术，有两种方式，一种是新布放五类双绞线并新组建交换型以太网；另外一种是充分利用原有的铜线（电话用户线）这部分宝贵资源，采用各种高速调制和编码技术，实现宽带接入，如 ADSL 等。无线接入，可分为固定无线接入和移动无线接入，采用的无线技术有卫星、WiFi 等。WSDL：用于描述服务的 Web 服务描述语言（Web Services Description Language）。

参考答案

（11）B

试题（12）

关于大数据的叙述中，不正确的是：___(12)___ 。

(12) A．大数据的 4 个特点是体量大、多样性、价值密度低和快速化

       B．数据分析与挖掘技术是大数据特有的技术

       C．大数据在电商、电信、金融等行业都有巨大的社会价值和产业空间

       D．分布式文件系统能提供高吞吐量数据访问，适合在大规模数据集上应用

试题（12）分析

参考《系统规划与管理师教程》2.5.1 小节。

数据分析与挖掘技术是数据仓库的范畴，只是在大数据中得以更好地利用，并非大数据

所特有的技术。

参考答案

（12）B

试题（13）

基础设施即服务（IaaS），指消费者通过Internet从云计算中心获得完善的计算机基础设施服务，例如虚拟主机、存储服务等。__（13）__不属于基础设施资源。

（13）A．计算资源　　　　　　　B．存储资源

　　　C．平台资源　　　　　　　D．网络资源

试题（13）分析

参考国家标准GB/T 32400—2015。

国家标准GB/T 32400—2015《信息技术 云计算 概览与词汇》中对于基础设施能力类型infrastructure capabilities type 的定义是：云服务客户（3.2.11 小节）能配置和使用计算、存储或网络资源的一类云能力类型（3.2.4 小节）。

参考答案

（13）C

试题（14）

关于物联网的描述中，不正确的是：__（14）__。

（14）A．物联网架构中网络层负责物物之间信息传输

　　　B．物联网利用射频自动识别（RFID）等技术，进行信息交换与通信

　　　C．物联网是架构在现有互联网或下一代公网或专网基础上的联网应用

　　　D．智慧物流、智能家居、智慧农业等都是物联网的应用

试题（14）分析

参考《系统规划与管理师教程》2.5.3 小节。

物联网从架构可以分为应用层、网络层和感知层。感知层由各种传感器构成，负责信息采集和物物之间的信息传输，感知层是物联网识别物体、采集信息的来源。网络层由各种网络，包括互联网、广电网、网络管理系统和云计算平台等组成，是整个物联网的中枢，负责传递和处理感知层获取的信息。应用层是物联网和用户的接口，提供丰富的基于物联网的应用，是物联网发展的根本目标。

参考答案

（14）A

试题（15）

与有形产品相比，服务作为产品具有独有的特性，下列对于服务特性描述正确的是：__（15）__。

（15）A．无形性、不可分离性、异质性、易消失性

　　　B．无形性、可分离性、异质性、易消失性

　　　C．有形性、过程性、异质性、易消失性

D．无形性、过程性、异质性、易消失性

试题（15）分析

参考《系统规划与管理师教程》3.1.2 小节。

服务特性的概念。与有形产品相比，服务作为产品表现出多方面独有的特性：无形性、不可分离性、异质性、易消失性。

参考答案

（15）A

试题（16）

《信息技术服务 分类与代码》（GB/T 29264—2012）中运行维护的定义是：采用信息技术手段及方法，依据需方提出的服务级别要求，对其信息系统的 （16） 提供的各种技术支持和管理服务。

（16）A．网络环境、硬件、软件及安全等
　　　B．基础架构、硬件、软件及安全等
　　　C．基础环境、硬件、软件及网络等
　　　D．基础环境、硬件、软件及安全等

试题（16）分析

参考《系统规划与管理师教程》3.1.3 小节。

《信息技术服务 分类与代码》（GB/T 29264—2012）中对运维定义是"采用信息技术手段及方法，依据需方提出的服务级别要求，对其信息系统的基础环境、硬件、软件及安全等提供的各种技术支持和管理服务"。

参考答案

（16）D

试题（17）

IT 治理强调信息化目标与企业 （17） 保持一致。

（17）A．项目管理目标　　　　　　B．战略目标
　　　C．质量管理目标　　　　　　D．经营目标

试题（17）分析

参考《系统规划与管理师教程》3.3 节。

IT 治理强调信息化目标与企业战略目标保持一致，IT 利用其自身特点，为企业战略规划提供技术或控制方面的支持，以保证信息化建设能够真正落实和贯彻组织业务战略和目标。

参考答案

（17）B

试题（18）

关于实施 IT 服务管理（ITSM）的根本目标的描述，不正确的是： （18） 。

(18) A. 以客户为中心提供 IT 服务
　　　B. 提供高质量、低成本的服务
　　　C. 提供的服务是可定量计价的
　　　D. 以技术为导向，提供专业服务

试题（18）分析

　　参考《系统规划与管理师教程》3.4.2 小节。
　　采用技术专业化的分工模式来为用户提供专业的服务是传统管理方式的特征。其余三项均为 ITSM 的根本目标。

参考答案

　　（18）D

试题（19）

　　项目管理过程中会对变量进行控制。__（19）__ 不属于项目管理的控制变量。
　　（19）A．技术　　　　B．风险　　　　C．范围　　　　D．时间

试题（19）分析

　　参考《系统规划与管理师教程》3.5.1 小节。
　　项目管理，试图获得对 5 个变量的控制：时间、成本、质量、范围和风险。

参考答案

　　（19）A

试题（20）

　　__（20）__ 不属于项目群管理的组织结构类型。
　　（20）A．单类项目群　　　　　　　　B．多类项目群
　　　　　C．集中式项目群　　　　　　　D．复合式项目群

试题（20）分析

　　参考《系统规划与管理师教程》3.5.2 小节。
　　项目群管理组织结构的基本形式：单类项目群管理、多类项目群管理和复合式项目群管理。

参考答案

　　（20）C

试题（21）

　　对于质量控制要点描述，不正确的是：__（21）__ 。
　　（21）A．质量控制的范围包括生产过程和质量管理过程
　　　　　B．质量控制的关键是使所有质量过程和活动始终处于完全受控状态
　　　　　C．质量控制是对生产全过程中产品质量的控制
　　　　　D．质量控制内容包括制订质量保证计划、过程检查、问题跟踪与持续改进

试题（21）分析

参考《系统规划与管理师教程》3.6.3 小节。

质量控制过程与质量保证过程的侧重点。

质量控制的范围包括生产过程和质量管理过程；质量控制的关键是使所有质量过程和活动始终处于完全受控状态；质量控制在质量形成的全过程的每个环节进行。质量保证工作的主要内容包括制订计划、过程与产品质量检查、编制质量保证工作报告和问题跟踪与持续改进。

参考答案

（21）D

试题（22）

"信息不被泄露给非授权的个人和实体或供其使用的特性"属于信息安全基本属性中的__（22）__。

（22）A．完整性　　　B．可用性　　　C．保密性　　　D．可靠性

试题（22）分析

参考《系统规划与管理师教程》3.7.1 小节中，信息安全中关于保密性的定义。

完整性：信息在存储或传输过程中保持不被修改、不被破坏、不被插入、不延迟、不乱序和不丢失的特性。

可用性：信息可被合法用户访问并能按要求顺序使用的特性。

保密性：信息不被泄露给非授权的个人和实体，或供其使用的特性。

可靠性：信息以用户认可的质量连续服务于用户的特性。

参考答案

（22）C

试题（23）

GB/T 22240—2008《信息安全技术 信息系统安全等级保护定级指南》将信息系统的安全保护等级分为五级。其中"信息系统受到破坏后，会对公民、法人和其他组织的合法权益造成严重损害，或者对社会秩序和公共利益造成损害，但不损害国家安全。"是__（23）__的特征。

（23）A．第一级　　　B．第二级　　　C．第三级　　　D．第四级

试题（23）分析

参考《系统规划与管理师教程》3.7.2 小节。

信息系统安全保护等级共分为五等级：

第一级，信息系统受到破坏后，会对公民、法人和其他组织的合法权益造成损害，但不损害国家安全、社会秩序和公共利益。

第二级，信息系统受到破坏后，会对公民、法人和其他组织的合法权益造成严重损害，或者对社会秩序和公共利益造成损害，但不损害国家安全。

第三级，信息系统受到破坏后，会对社会秩序和公共利益造成严重损害，或者对国家安全造成损害。

第四级，信息系统受到破坏后，会对社会秩序和公共利益造成特别严重损害，或者对国家安全造成严重损害。

第五级，信息系统受到破坏后，会对国家安全造成特别严重损害。

参考答案

（23）B

试题（24）

规划设计的优劣对 IT 服务目标的实现有重大影响。__（24）__ 不属于规划设计阶段的主要活动。

（24）A．应急响应预案的制订　　　　B．服务目录设计

　　　　C．服务需求识别　　　　　　　D．服务方案设计

试题（24）分析

参考《系统规划与管理师教程》4.2.1 小节。

规划设计流程中的主要活动包括：服务需求识别、服务目录设计、服务方案设计（含服务模式设计、服务级别设计、人员要素设计、过程要素设计、技术要素设计、资源要素设计）、服务成本评估和服务级别协议设计。而应急预案的制订与演练在部署实施阶段。

参考答案

（24）A

试题（25）

__（25）__ 标志着 IT 服务目录条款的最终确定。

（25）A．服务目录通过了组织内部的逐层审核或评审

　　　　B．服务目录中的服务项大部分有效实施

　　　　C．服务目录中的服务项逐一实施并被客户认同

　　　　D．服务目录通过第三方的评审

试题（25）分析

参考《系统规划与管理师教程》4.3.2 小节。

只有在服务目录的服务项逐一实施并被客户认同之后，服务目录的条款才能最终确定。

参考答案

（25）C

试题（26）

关于服务目录的描述，不正确的是：__（26）__ 。

（26）A．服务目录是公开的，相关方都应该可以方便地查阅

　　　　B．服务目录定义了服务供方所提供服务的全部种类和服务目标

C．如果服务目录涉及的内容已在其他文档中被提及，可不必单独列出

D．服务目录分为业务服务目录和技术服务目录，必须提交给客户

试题（26）分析

参考《系统规划与管理师教程》4.3 节。

服务目录是公开的，不论是客户还是服务供方都应该能方便地查阅这些资料，这也是大家都应遵守的原则；服务目录定义了服务供方所提供服务的全部种类和服务目标，但是在很多情况下，由于涉及的内容很可能已经在其他文档（如 SLA）中被提及，为了避免文档的重复，服务目录往往不再单独列出；技术服务目录支撑业务服务目录，是技术视角的服务目录，通常客户不关注技术服务目录。

参考答案

（26）D

试题（27）

___（27）___ 是在一定成本控制下，为保障 IT 服务的性能和可靠性，服务供方与客户间定义的一种双方认可的协定。

（27）A．服务级别协议（SLA）　　　　B．服务级别管理（SLM）

C．运营级别协议（OLA）　　　　D．支持合同（UC）

试题（27）分析

参考《系统规划与管理师教程》4.4.1 小节。

服务级别协议（Service Level Agreement，SLA）是在一定成本控制下，为保障 IT 服务的性能和可靠性，服务供方与客户间定义的一种双方认可的协定。

参考答案

（27）A

试题（28）

在服务设计过程中，需针对如下 ___（28）___ 方面进行风险评估。

①IT 服务可用性　　　②业务连续性　　　③IT 服务能力

④信息安全　　　　　⑤价格　　　　　　⑥IT 服务报告

（28）A．①③⑤　　B．①②④　　C．②③④　　D．②④⑥

试题（28）分析

参考 ISO/IEC 20000—1:2011。

其中，6.3.1 指出服务提供方应评估和记录服务的连续性和服务可用性的风险。6.6.1 指出信息安全策略应确保定期执行信息安全风险评估。

参考答案

（28）B

试题（29）

A 公司为某矿业集团开发了一套 ERP 系统，在签署运行维护合同时，客户提出 A 公司

应指派专人在指定地点和客户 IT 人员一起工作,随时响应客户服务请求,处理系统故障。这属于__(29)__服务模式。

(29) A. 远程支持 B. 上门技术支持
　　 C. 常驻现场 D. 集中监控

试题(29)分析

参考《系统规划与管理师教程》4.6.1 小节中的表 4.6。

现场服务(常驻现场)的服务内容:指派专人常驻客户现场,和客户 IT 人员一起工作,随时响应客户服务请求,处理系统故障。

参考答案

(29) C

试题(30)

关于 IT 服务人员要素设计活动的描述,不正确的是:__(30)__。

(30) A. 服务团队对关键岗位采取 A/B 岗机制,并适当进行人员储备
　　 B. 每年一次对运维人员绩效进行考核评估,对不达标者进行培训
　　 C. 服务团队每年至少进行一次交付和应急培训,并进行效果评价
　　 D. IT 服务团队的人员岗位设计为管理岗和操作岗两类

试题(30)分析

参考《系统规划与管理师教程》4.6.3 小节。

人员要素设计的活动包括:人员岗位和职责设计。一个完整的 IT 服务团队应包括管理岗、技术支持岗和操作岗。人员绩效方案设计。应定期对人员绩效进行考核评估。人员培训方案设计和培训内容设计中包括交付和应急培训。关键成功因素中包括团队内人员能力的互备性和建立有效的人员储备管理措施。

参考答案

(30) D

试题(31)

__(31)__不属于 IT 服务项目经理在人员要素部署阶段应该完成的活动。

(31) A. 协助 HR 采用外部招聘和内部调岗的方式来组建服务团队
　　 B. 组织相关人员编写培训教材并完善知识体系
　　 C. 协助 HR 定期组织技术、管理、组织等方面的培训
　　 D. 根据公司业务和人员实际状况编制培训计划

试题(31)分析

参考《系统规划与管理师教程》5.2.1 小节,人员要素部署实施→建立培训教材库及知识转移方法。

在规划设计阶段中,系统规划与管理师已经编写了培训计划,而在实施部署环节中,需要组织相关人员编写培训教材并完善知识体系。

参考答案

(31) D

试题(32)

A公司服务团队正在依据风险级别与影响度范围,讨论一个服务台语音监控工具部署上线的方式,据此推断,他们正在开展 __(32)__ 服务要素的部署实施工作。

(32) A. 人员　　　B. 资源　　　C. 技术　　　D. 过程

试题(32)分析

参考《系统规划与管理师教程》5.2.2小节,资源要素部署实施中关于工具部署、使用手册与相关制度的内容。

依据风险级别与影响度范围,决策工具部署上线是否采用阶段式部署。

参考答案

(32) B

试题(33)

A公司承接了将某市税务局所有应用系统迁移到市政府新建云服务平台上的任务,服务团队与开发团队完成了知识转移并搭建了异地测试环境,制定了应急响应预案并进行了一次正式演练,编制了相关的SOP操作规范和技术手册,并对其进行了评审。A公司在技术要素部署实施阶段的工作完成情况应获得的评价是: __(33)__ 。

(33) A. 全部完成　　　　　　　B. 未做技术手册发布
　　　C. 未部署运维工具　　　D. 未进行数据初始化

试题(33)分析

参考《系统规划与管理师教程》5.2.3小节。

技术要素部署实施:(1)知识转移;(2)应急响应预案制定与演练;(3)SOP标准操作规范;(4)技术手册发布;(5)搭建测试环境。

参考答案

(33) B

试题(34)

__(34)__ 不属于过程要素部署实施的工作内容。

(34) A. 过程与制度的发布　　　B. 过程电子化管理和数据初始化
　　　C. 知识库内容初始化　　　D. 体系试运行

试题(34)分析

参考《系统规划与管理师教程》5.2.4小节。

过程要素部署实施包括:(1)过程与制度发布;(2)过程电子化管理和数据初始化;(3)体系试运行。

参考答案

(34) C

试题（35）

___(35)___ 不属于 IT 服务部署实施阶段考虑的风险和问题。

(35) A. IT 服务部署实施计划的完整性和条理性

B. 客户 IT 服务需求识别的完整性和条理性

C. IT 服务部署实施交付物的可验收性

D. 与 IT 服务规划设计和 IT 服务运营的吻合性

试题（35）分析

参考《系统规划与管理师教程》5.3.1 小节。

在 IT 服务部署实施的计划阶段，通常来说，可能存在的风险或问题包括：（1）部署实施计划的完整性和条理性；（2）部署实施计划本身的可用性；（3）部署实施交付物的可验收性；（4）与 IT 服务规划设计和 IT 服务运营的吻合性。而客户需求识别的完整性是在规划设计阶段的工作。

参考答案

（35）B

试题（36）

IT 服务部署实施执行阶段，采用 ___(36)___ 等方法可以有效控制项目变更。

①制定项目变更控制程序

②记录所有引起变更的项目问题

③非计划性地对项目进展进行评审

④评估变更对项目的影响

⑤对引起变更的问题进行评价并确定优先顺序

⑥建立变更控制委员会以控制变更批准

(36) A. ①②④⑤⑥　　　　　　B. ①②③④⑤

C. ①②③④⑥　　　　　　D. ①②③④⑤⑥

试题（36）分析

参考《系统规划与管理师教程》5.3.2 小节。

控制项目变更关键成功因素包括：必须认识到项目变更控制贯穿于整个项目的执行和监控阶段中；必须制定项目变更的控制过程；记录所有引起变更的项目问题；对引起变更的项目问题进行评价并确定优先顺序；对引起变更的项目问题进行影响分析；对项目变更的批准做出规定。

参考答案

（36）A

试题（37）

交付物验收是部署实施验收阶段最重要的工作，若发现交付物与计划有出入，应该 ___(37)___ 。

(37) A. 与项目干系人进行口头沟通，并对交付物做确认

B. 与项目干系人通过邮件沟通，并对验收标准达成一致

C. 编制一个正式的书面声明，并获得项目干系人签字确认

D. 编制一个正式的书面声明，并获得客户项目经理签字确认

试题（37）分析

参考《系统规划与管理师教程》5.3.3 小节。

交付物验收是部署实施验收阶段最重要的工作，按照部署实施计划阶段的交付物验收标准验收即可。若交付物与计划有出入，需要做正式的书面声明，并应该获得项目干系人签字确认。

参考答案

（37）C

试题（38）

在 IT 服务运营管理阶段，人员连续性管理分为预防性活动和被动性活动。___（38）___属于被动性活动。

①运维工程师小张离职后及时清理他的相关账号

②每月 3 号开展内部技术交流会，将成果转化为知识库条目

③为服务器运维工程师配备一名徒弟，在三个月后考核徒弟技能达标情况

④因某网络工程师出国参加 3 周的培训，与客户协商更换该网络工程师

（38）A. ①②　　　　B. ②③　　　　C. ②④　　　　D. ①④

试题（38）分析

参考《系统规划与管理师教程》6.2.1 小节。

人员储备与连续性管理。人员连续性管理活动可以分为预防性活动和被动型活动。被动性活动指在发生人员连续性事件时，所采取的连续性管理措施，包括岗位交接及培训，面向客户进行更换说明，面向第三方进行接口关系变更，人员连续性安全管理等。

参考答案

（38）D

试题（39）

知识管理是资源要素管理的重要组成部分。以下关于知识管理的描述，不正确的是：___（39）___。

（39）A. 知识管理应包括知识的获取、共享、保留（归档）和评审

B. 对知识库的知识要从时效性、安全性、一致性三方面进行全面评审

C. 知识入库时应按照分类进行保存，知识地图也是一种好的分类方式

D. 隐性知识很难转化成显性知识，解决方法是把知识管理融入日常工作过程中

试题（39）分析

参考《系统规划与管理师教程》6.3.2 小节。

对知识库的知识要从时效性、完整性、正确性三方面进行全面评审。

参考答案

（39）B

试题（40）

A 公司为某数据中心提供网络设备运维服务，开发部署了一套网络监控工具。运行过程中发现告警过多需要改进，IT 服务项目经理依据改进需求重新进行了技术研发规划，并严格按照增量预算方式进行费用管理，他做的这些工作属于__（40）__阶段的工作内容。

（40）A．IT 服务规划设计的服务需求识别

　　　B．IT 服务部署实施的资源要素部署实施

　　　C．IT 服务运营管理的技术要素管理

　　　D．IT 服务持续改进的服务测量

试题（40）分析

参考《系统规划与管理师教程》6.4 节。

在 IT 服务运营中，需要对技术研发的预算进行管理，同时对技术成果进行运行和改进等工作。

参考答案

（40）C

试题（41）

在 IT 服务运营管理过程中，要对运行维护服务过程进行安全管理，以保证信息的保密性、完整性和__（41）__。

（41）A．可审计性　　B．可靠性　　C．可用性　　D．可维护性

试题（41）分析

参考《系统规划与管理师教程》6.5.8 小节中的安全管理。

安全管理的关键指标包括：运行维护服务过程中信息的保密性、完整性和可用性，这也是信息安全最关注的 CIA。

参考答案

（41）C

试题（42）

__（42）__发生时，服务台必须启动事件升级程序。

①服务器宕机时长超过了服务级别协议（SLA）规定的停机时间

②因为无法预料的情况增加了备份失效对业务的影响

③受事故影响的用户数比最初预计数量大 3 倍以上

④工程师反馈说短时间内无法找到服务器宕机的根本原因

（42）A．①②③④　　B．①②③　　C．②③④　　D．①③④

试题（42）分析

参考《系统规划与管理师教程》6.5.3 小节中的事件管理。

（3）对事件进行升级：当出现技术不足、超时、事件范围超出、沟通不利、需要外部资源沟通等情况时，需要对事件根据预定的规则进行升级。

参考答案

（42）B

试题（43）

下图是某数据中心网络结构示意图，图中网络的可用性是___（43）___（0.98×0.99=0.97，0.98×0.98=0.96）。

（43）A．90.4%　　　　B．94.13%　　　　C．96.9%　　　　D．95.7%

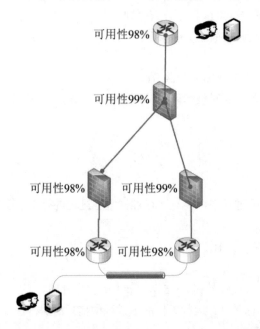

试题（43）分析

并联部分可用性=1−（1−0.98×0.98）×（1−0.98×0.99）=0.99882。
总体=0.99882×0.99×0.98=0.969。

参考答案

（43）C

试题（44）

服务运营过程中，对硬件设备进行监控时，监控内容不包括___（44）___。

（44）A．服务器电源工作情况　　　　B．设备软件配置变动审计
　　　C．存储介质空间使用情况　　　　D．进程状态

试题（44）分析

参考《系统规划与管理师教程》6.7 节。
应用资源监控内容中包括进程状态，且进程的概念多应用于软件。

参考答案

（44）D

试题（45）

A 公司知识库管理员每月初向服务质量负责人提交上个月知识的新增入库数量和知识的利用率数据，该项工作属于 IT 服务持续改进的__(45)__的测量。

(45) A．服务资源　　　　　　　　　B．服务技术

　　　C．服务人员　　　　　　　　　D．服务过程

试题（45）分析

参考《系统规划与管理师教程》7.2.2 小节中的服务资源测量。

（4）知识库，收集知识的积累数量、知识的利用率、知识的更新率、知识的完整性、各类知识的比重、知识新增数量与事件、问题发生数量的对比关系。

参考答案

（45）A

试题（46）

在组织中，__(46)__对人员、资源、技术及过程等要素的改进承担管理职责。

(46) A．服务团队负责人　　　　　　B．项目经理

　　　C．运维工程师　　　　　　　　D．服务质量负责人

试题（46）分析

参考《系统规划与管理师教程》7.4.2 小节中的服务改进设计。

（4）确认服务改进职责。服务四要素改进主要由系统规划与管理师和服务质量负责人负责。

参考答案

（46）D

试题（47）

在服务过程的测量工作中，针对事件统计分析描述不正确的是：__(47)__。

(47) A．重大事件回顾指分析过去一段时间内所发生的重大事件或故障，总结经验教训，并对所采取的纠正弥补措施进行有效性分析

　　　B．事件统计和分析指在项目执行阶段，将对执行过程中发生的所有事件进行统计和分析

　　　C．汇总和发布指定期将总结报告进行汇总，并发布给客户及用户，出具重大事件报告、事件分析总结报告

　　　D．事件统计分析的目标是动态跟踪服务过程中关键事件的完成情况，及时发现服务过程的不足之处，并予以纠正

试题（47）分析

参考《系统规划与管理师教程》7.2.2 小节。

事件统计分析的活动包括：

重大事件回顾：分析过去一段时间内所发生的重大事件或故障，总结经验教训，并对所采取的纠正弥补措施进行有效性分析。

事件统计和分析：在项目执行阶段，系统规划与管理师将对执行过程中发生的所有事件进行统计和分析。

汇总和发布：系统规划与管理师定期将总结报告进行汇总，并发布给客户及用户，出具重大事件报告、事件分析总结报告。

事件统计分析的目标是动态跟踪服务过程中每个事件的完成情况，及时发现服务过程的不足之处，并予以纠正。

参考答案

（47）D

试题（48）

在服务回顾活动中，__（48）__不属于与客户回顾的内容。

（48）A．服务合同执行情况

B．服务绩效

C．本周期内的工程师 KPI 总结

D．客户业务需求的变化

试题（48）分析

参考《系统规划与管理师教程》7.3.2 小节。

与客户回顾内容包括：（1）服务合同执行情况；（2）服务目标达成情况；（3）服务绩效（服务级别协议）、成果；（4）满意度调查；（5）服务范围、工作量；（6）客户业务需求的变化……

参考答案

（48）C

试题（49）

在服务改进项目的检查中，当服务改进项目实施完成后，__（49）__核对服务改进活动的目标达成情况，会同相关人员对实施效果进行验证，并记录验证或验收评价结果。

（49）A．服务供需双方　　　　　　B．服务供方

C．服务需方　　　　　　　　D．服务用户

试题（49）分析

参考《系统规划与管理师教程》7.4.2 小节。

在服务改进项目的检查中，当服务改进项目实施完成后，系统规划与管理师应对照服务改进计划中定义的服务改进目标，发起服务改进回顾会议，服务供需双方核对服务改进活动的目标达成情况，会同相关人员对实施效果进行验证，并记录验证或验收评价结果。

参考答案

（49）A

试题（50）

业务关系管理包括客户关系、供应商关系和第三方关系管理。关于业务关系管理的描述，不正确的是：__（50）__。

（50）A．客户关系管理中，需要关注定期沟通、投诉管理、表扬管理等

　　　B．供应商关系管理中，可能的风险包括多供应商配合问题、供应商组织变动或业务变更、多级分包带来的质量挑战等

　　　C．第三方关系管理中，要注意建立良好的第三方协作沟通机制

　　　D．业务关系管理的目标是保证服务供方利益不受损失

试题（50）分析

参考《系统规划与管理师教程》9.1 节。

客户关系管理具有如下目标：与客户建立长期的有效的业务关系，实现共赢发展。

系统规划与管理师通过以下活动提升与客户的关系：（1）定期沟通；（2）日常沟通；（3）投诉管理；（4）表扬管理……

供应商关系风险控制表（表 9.2）。

IT 服务运营过程中，还需要维系相互信任、互相支持的第三方关系，如政府、资质认证单位、服务监理公司等。

参考答案

（50）D

试题（51）

需求调研时，要了解客户需求的层次，需求从浅到深，价值逐渐增加的顺序是：__（51）__。

（51）A．表述的需求、未表明的需求、潜在的需求、令人愉悦的需求

　　　B．表述的需求、未表明的需求、令人愉悦的需求、潜在的需求

　　　C．未表明的需求、表述的需求、令人愉悦的需求、潜在的需求

　　　D．潜在的需求、表述的需求、未表明的需求、令人愉悦的需求

试题（51）分析

参考《系统规划与管理师教程》9.2 节。

针对需求调研，要了解客户需求的层次：表述的需求、真正的需求、未表明的需求、令人愉悦的需求、潜在的需求。

参考答案

（51）B

试题（52）

建立 IT 服务项目预算的目的和意义不包含：__（52）__。

（52）A．便于项目资源分配，提供责任计算框架

B．便于形成资金使用计划，协调资金使用活动
C．便于改进预算编制方法，提高预算编制准确性
D．便于建立资金控制系统，评估资金使用效果

试题（52）分析

参考《系统规划与管理师教程》9.3.1 小节。

建立 IT 服务项目预算的目的及意义包括 8 个方面：便于形成资金使用计划，便于交流资金使用规划意图，协调资金使用活动，便于项目资源分配，提供责任计算框架，费用开支授权，建立资金控制系统和评估资金使用效果。

参考答案

（52）C

试题（53）

　　（53）指标通过计算项目的净利润产出总额，帮助了解组织的主要利润来源。

（53）A．项目净产出　　　　　　B．项目投资回报率
　　　　C．项目投入产出比　　　　D．人均产出

试题（53）分析

参考《系统规划与管理师教程》9.3.2 小节和 9.3.3 小节。

项目净产出：项目的净利润产出总额，用于了解组织的主要利润来源。项目投资回报率：组织通过投资项目而返回的价值，从一项项目投资活动中得到的经济回报，用于对不同业务、不同项目的价值进行横向比较。项目投入产出比：项目投入资金与产出资金之比，用于了解不同项目的盈利水平，确定合理的业务方向。人均产出：用于了解组织人均产出的净利润水平。

参考答案

（53）A

试题（54）

外包给发包方带来的收益不包括__（54）__。

（54）A．专注于主营业务　　　　B．效率提升
　　　　C．成本效益　　　　　　　D．团队成长

试题（54）分析

参考《系统规划与管理师教程》9.4 节。

IT 服务外包给企业带来的收益表现：（1）成本效益；（2）效率提升；（3）降低风险；（4）专注于主营业务；（5）管理简单；（6）提升满意度。

参考答案

（54）D

试题（55）

服务质量特性中的可靠性包含如下子特性：完备性、连续性、__（55）__、有效性、可追

溯性。

(55) A．及时性　　　　B．主动性　　　　C．稳定性　　　　D．可用性

试题（55）分析

参考《系统规划与管理师教程》8.2.1 小节。

服务质量特性中的可靠性包括：完备性、连续性、稳定性、有效性和可追溯性。

参考答案

(55) C

试题（56）

进行 IT 服务测量与评估时，统计服务的可用程度是为了评价 IT 服务的__(56)__。

(56) A．安全性　　　　B．可靠性　　　　C．响应性　　　　D．友好性

试题（56）分析

参考《系统规划与管理师教程》8.2.2 小节。

可靠性中连续性的评价指标包括：重大事故发生情况、事故发生情况、服务按时恢复的事件比例等。

参考答案

(56) B

试题（57）

运维服务质量检查过程中，常见的检查活动不包括__(57)__。

(57) A．满意度调查　　　　　　　　B．内审
　　　C．事件统计分析　　　　　　　D．管理评审

试题（57）分析

参考《系统规划与管理师教程》8.2.3 小节。

常见的质量实施和检查活动包括：（1）进行满意度调查；（2）运维各项目质量保证工作实施；（3）内审；（4）管理评审；（5）日常检查；（6）质量文化培训。

参考答案

(57) C

试题（58）

风险识别需要采用信息收集技术，常见的手段包括__(58)__。

(58) A．头脑风暴法、德尔菲法、访谈法、SWOT
　　　B．头脑风暴法、德尔菲法、访谈法、PDCA
　　　C．头脑风暴法、奥卡姆剃刀法、访谈法、SWOT
　　　D．头脑风暴法、德尔菲法、文档评审法、SWOT

试题（58）分析

参考《系统规划与管理师教程》8.3.2 小节中的风险识别方法。

信息收集技术包括：头脑风暴法、德尔菲法、访谈法、优劣势分析法（SWOT）等。

参考答案

（58）A

试题（59）

识别风险后，对负面威胁类风险的处置应对策略不包含：__(59)__ 。

(59) A．避免：修改计划以消除相应的威胁、隔离目标免受影响、放宽目标等
　　　B．转移：把威胁的不利影响以及风险应对的责任转移到第三方
　　　C．减轻：通过降低风险的概率和影响程度，使之达到一个可接受的范围
　　　D．消除：利用技术和管理手段，确保该风险不会发生

试题（59）分析

参考《系统规划与管理师教程》8.3.5 小节。

负面风险应对措施包括：避免、转移、减轻。风险是无法消除的。

参考答案

（59）D

试题（60）

在风险跟踪工作中，关于风险清单的描述，正确的是：__(60)__ 。

(60) A．风险清单指明了服务在任何时候面临的最大风险。风险管理负责人应经常维护这张清单，直到服务结束前对其不断更新
　　　B．风险清单指明了服务在任何时候面临的所有风险。风险管理负责人应经常维护这张清单，直到服务结束前对其不断更新
　　　C．风险清单指明了服务在任何时候面临的最大风险。项目管理负责人应经常维护这张清单，直到服务结束前对其不断更新
　　　D．风险清单指明了服务在任何时候面临的所有风险。项目管理负责人应经常维护这张清单，直到服务结束前对其不断更新

试题（60）分析

参考《系统规划与管理师教程》8.3.7 小节。

风险清单指明了服务在任何时候面临的最大风险。风险管理负责人应经常维护这张清单，直到结束前不断更新这张清单。

参考答案

（60）A

试题（61）

关于 IT 服务团队特征的描述，不正确的是：__(61)__ 。

(61) A．为了提高服务的质量，使用开发专用工具，包含 IT 服务管理工具、监控工具等
　　　B．工作具有周期性和重复性的特征，注重流程化与规范化
　　　C．通过 IT 技术为客户提供服务，从而实现自身的价值
　　　D．专注于提高专业技术水平，能够及时响应问题及解决问题

试题（61）分析

参考《系统规划与管理师教程》10.1 节。

IT 服务团队具有以下 5 个特征：

（1）人员的岗位结构，分为管理岗、技术岗、操作岗，且团队成员相对固定。

（2）需要较高的服务意识。IT 服务类项目面向的是客户，通过 IT 技术为客户提供服务，从而实现自身的价值。

（3）为了提高服务的质量，会使用专用工具，如 IT 服务管理工具、监控工具等。

（4）工作具有周期性和重复性的特征，注重流程化与规范化。

（5）注重知识的积累及转移，以便主动发现问题及解决问题。

参考答案

（61）D

试题（62）

IT 服务团队的建设周期中，梯队建设的工作适合在 __(62)__ 阶段开展。

（62）A．组建期（Forming）   B．风暴期（Storming）

        C．规范期（Norming）   D．表现期（Performing）

试题（62）分析

参考《系统规划与管理师教程》10.2 节。

IT 服务团队建设周期，图 10.1，表现期特点（自我管理、授权工作、追求卓越、梯队建设）。

参考答案

（62）D

试题（63）

团队激励的特点是让大家集体参与、共同感受，实时感觉这个团队的存在，为自己身为这个团队的一员而感到骄傲和自豪。关于团队激励措施的描述，不正确的是：__(63)__ 。

（63）A．高层表扬、高层领导经验分享

        B．团队奖金、屏蔽投诉

        C．团队奖金、部门负责人专业知识分享

        D．高层表扬、团队活动

试题（63）分析

参考《系统规划与管理师教程》10.3.2 小节。

常用的团队激励措施有以下 6 点：（1）高层表扬；（2）团队奖金；（3）请高层领导做经验分享；（4）请与 IT 服务相关的部门负责人分享专业知识；（5）请业绩优秀的员工做经验分享；（6）不定期开展团队活动。

参考答案

（63）B

试题（64）

标准的种类繁多，按照标准的适用范围可以将标准划分为国际标准、国家标准、行业标准等，其中标准号以字母"SJ/T"为首的标准属于___（64）___。

（64）A．国际标准　　B．国家标准　　C．行业标准　　D．地方标准

试题（64）分析

参考《系统规划与管理师教程》11.1.2 小节。

依据制定标准的参与者所涉及的范围，也就是标准的适用范围，可将标准分为：国际标准、国家标准、行业标准、地方标准和企业标准等。国家标准的标准号以 GB/T 打头，行业标准的标准号一般以 SJ/T 打头。

参考答案

（64）C

试题（65）

国家标准制定程序将标准的制定划分了若干的阶段和流程，___（65）___符合标准制定流程。

（65）A．预阶段、立项阶段、起草阶段、征求意见阶段、审查阶段、批准阶段、出版阶段、复审阶段、废止阶段

　　　B．预阶段、立项阶段、起草阶段、审查阶段、征求意见阶段、批准阶段、出版阶段、复审阶段、废止阶段

　　　C．预阶段、立项阶段、起草阶段、审查阶段、征求意见阶段、复审阶段、批准阶段、出版阶段、废止阶段

　　　D．预阶段、立项阶段、起草阶段、征求意见阶段、审查阶段、复审阶段、批准阶段、出版阶段、废止阶段

试题（65）分析

参考《系统规划与管理师教程》11.1.3 小节。

国家标准制定流程划分为：预阶段、立项阶段、起草阶段、征求意见阶段、审查阶段、批准阶段、出版阶段、复审阶段以及废止阶段。

参考答案

（65）A

试题（66）

ITIL（Information Technology Infrastructure Library）从复杂的 IT 管理活动中梳理出各组织所共有的最佳实践，将 IT 服务划分了如下 5 个阶段：___（66）___。

（66）A．服务规划、服务设计、服务转换、服务运营和持续改进

　　　B．服务规划、服务设计、服务转换、服务流程和持续改进

　　　C．服务战略、服务设计、服务转换、服务运营和持续改进

　　　D．服务战略、服务设计、服务转换、服务流程和持续改进

试题（66）分析

参考《系统规划与管理师教程》11.2.6 小节。

IT 服务划分了 5 个阶段：服务战略、服务设计、服务转换、服务运营和持续改进。

参考答案

（66）C

试题（67）

ISO/IEC 20000 系列标准对于企业或组织的 IT 服务管理有重要的指导作用，采用了集成化的过程方法，其中不包含 __(67)__ 过程。

（67）A．服务需求管理　　　　　　　　B．服务级别管理
　　　　C．信息安全管理　　　　　　　　D．服务的预算与核算

试题（67）分析

参考《系统规划与管理师教程》11.2.1 小节。

ISO 20000 的过程中不包括服务需求管理过程（图 11.2），在 ITIL V3 中在服务战略阶段，对需求管理过程进行了说明。

参考答案

（67）A

试题（68）

ITSS（Information Technology Service Standards）是一套成体系和综合配套的信息技术服务标准库，包括了 IT 服务全生命周期阶段应遵循的标准。关于 ITSS 体系框架 4.0 的分类，正确的是：__(68)__ 。

（68）A．基础标准、服务评价标准、服务业务标准、服务外包标准、服务安全标准、服务对象特征和行业应用标准
　　　　B．基础标准、服务评价标准、服务业务标准、服务外包标准、服务安全标准、服务模式标准和行业应用标准
　　　　C．基础标准、服务管控标准、服务业务标准、服务外包标准、服务安全标准、服务模式标准和行业应用标准
　　　　D．基础标准、服务管控标准、服务业务标准、服务外包标准、服务安全标准、服务对象特征和行业应用标准

试题（68）分析

参考《系统规划与管理师教程》11.3.1 小节。

ITSS 标准体系框架 4.0 中将 ITSS 系列标准分为了基础标准、服务管控标准、服务业务标准、服务外包标准、服务安全标准、服务对象特征和行业应用标准。

参考答案

（68）D

试题（69）

ITSS 运行维护系列标准从服务对象、服务过程和服务能力等方面提出了规范性要求。其中，__(69)__ 标准为运行维护服务组织提供了一个运行维护服务能力模型，通过策划、实施、检查和改进来帮助组织实现运行维护服务能力的持续提升。

(69) A.《信息技术服务 运行维护 第 1 部分：通用要求》
　　　B.《信息技术服务 分类与代码》
　　　C.《信息技术服务 运行维护 第 2 部分：交付规范》
　　　D.《信息技术服务 运行维护 第 3 部分：应急响应规范》

试题（69）分析

参考《系统规划与管理师教程》11.3.3 小节。

《信息技术服务 运行维护 第 1 部分：通用要求》为运行维护服务组织提供了一个运行维护服务能力模型，其管理原则：在运行维护服务提供过程中，供方通过策划、实施、检查和改进实现运行维护服务能力的持续提升。

参考答案

(69) A

试题（70）

依据《中华人民共和国招标投标法》，以下描述不正确的是：__(70)__ 。

(70) A. 依法必须进行招标的项目，其招投标活动不受地区或部门的限制
　　　B. 为保证招标工作的公正性，招标人需委托代理机构，不得自行办理招标事宜
　　　C. 任何单位和个人不得以任何方式为招标人指定招标代理机构
　　　D. 招标代理机构与行政机关和其他国家机关不得存在隶属关系

试题（70）分析

参考《中华人民共和国招标投标法》。

《中华人民共和国招标投标法》第六条规定依法必须进行招标的项目，其招投标活动不受地区或部门的限制。任何单位和个人不得违法限制或者排斥本地区、本系统以外的法人或者其他组织参加投标，不得以任何方式非法干涉招投标活动。

第十二条招标人有权自行选择招标代理机构，委托其办理招标事宜。任何单位和个人不得以任何方式为招标人指定招标代理机构。招标人具有编制招标文件和组织评标能力的，可以自行办理招标事宜。任何单位和个人不得强制其委托招标代理机构办理招标事宜。

第十四条招标代理机构与行政机关和其他国家机关不得存在隶属关系或者其他利益关系。

参考答案

(70) B

试题（71）

__(71)__ is a discipline within the information technology and information systems domain and is concerned with making the planning process for information technology investments and decision-making a quicker, more flexible, and more thoroughly aligned process.

（71）A．Information technology planning

　　　B．Service monitor management

　　　C．Service design

　　　D．Information technology audit

试题（71）分析

信息技术规划是信息技术和信息系统领域的一门学科，它关注的是使信息技术投资和决策的规划过程更快、更灵活和更彻底。

（参考 Wikipedia（维基百科））

参考答案

（71）A

试题（72）

IT Service Design（SD）provides good-practice guidance on the design of IT services, processes, and other aspects of the service management effort. ___（72）___ does not belong to the main activities of service design process.

（72）A．Service catalogue design

　　　B．Release and deployment management

　　　C．Service cost assessment

　　　D．Service level design

试题（72）分析

服务设计为 IT 服务、流程和其他服务管理工作的设计提供了良好的实践指导。规划设计流程中的主要活动包括：服务需求识别、服务目录设计、服务方案设计、服务级别设计、人员、过程、资源和技术要素设计，服务成本评估和服务级别协议设计。

（参考《系统规划与管理师教程》4.2 节）

参考答案

（72）B

试题（73）

Change management would typically be composed of the raising and recording of changes, assessing the impact, cost, benefit and risk of proposed changes, developing business justification and obtaining approval, managing and coordinating change implementation, monitoring and reporting on implementation, reviewing and closing ___（73）___.

（73）A．change reason　　　　　B．change model

　　　C．remediation plan　　　　D．change requests

试题（73）分析

变更管理通常包含以下工作内容：提出并记录变更、评估变更的影响、成本、收益和风险、业务论证并获得批准、管理和协调变更的实施、监控和报告实施情况、审查和关闭变更请求。

（参考 Wikipedia（维基百科））

参考答案

（73）D

试题（74）

A service level agreement is an agreement between two or more parties, where one is the customer and the others are ___(74)___ .

(74) A．service brokers　　　　　　B．service providers
　　　C．service auditors　　　　　　D．key customers

试题（74）分析

服务级别协议是服务供方和客户之间签定的一种双方认可的协定。

（参考《系统规划与管理师教程》4.4.2 小节）

参考答案

（74）B

试题（75）

PDCA (Deming cycle) is an iterative four-step management method used in continual improvement of processes and products. During the ___(75)___ phase, the data and results gathered from the do phase are evaluated. Data is compared to the expected outcomes to see any similarities and differences.

(75) A．plan　　　　B．do　　　　C．check　　　　D．act

试题（75）分析

PDCA（戴明环）是一迭代四步管理方法，用于过程和产品的持续改进。在检查阶段，收集执行阶段的数据和成果，并与预期结果进行比较，来寻找其相似和不足之处。

（参考 Wikipedia（维基百科））

参考答案

（75）C

第5章 2018上半年系统规划与管理师下午试题I分析与解答

试题一（共29分）

阅读下列说明，回答问题1至问题4，将解答填入答题纸的对应栏内。

【说明】

B公司是一家专门提供信息技术服务的供应商，其IT服务事业部设置有热线中心、备件中心、技术服务中心和客户服务中心。其中热线中心主要负责400电话的接听、咨询类问题解答和事件的派单工作；备件中心主要负责相关设备的备品和备件储备计划、采购和备件日常维护管理工作；技术服务中心主要负责项目的执行，包括巡检、故障处理、工具研发等工作；客户服务中心主要负责制定管理制度，开展项目的管理、日常培训、客户满意度调查及绩效考核等。

B公司（乙方）销售人员刚刚与某石化集团数据中心（甲方）签定了一份网络维护服务级别协议（SLA），主要内容包括：

（1）乙方提供办公网网络设备及链路的响应支持、日常运维和优化服务；

（2）乙方提供1名驻场工程师，负责5×8小时现场服务、每日巡检；

（3）在现场支持服务中，乙方应保证在30分钟内响应服务请求，2小时内到达甲方现场，4小时内排除故障并恢复服务，重大事件保障期间7×24小时值守；

（4）乙方必须建立完备的维护工作日志，对所有操作均需要保留具体清晰的日志记录；

（5）乙方必须每季度进行隐患排查、系统升级、性能优化服务，并提供服务报告；

（6）乙方应按照ITIL事件管理要求建立事件管理程序，并按时完成相关文档交付工作。交付形式为光盘和纸质文档；

（7）乙方提供热线服务支持时间为5×8小时，如果远程无法解决，则提供现场服务。

公司对此项目进行了运营级别协议（OLA）的拆分，备件中心紧急向S公司采购了两块光纤网卡，客户服务中心组织相关人员编制了事件管理控制程序和问题管理控制程序，并对项目组项目经理、驻场网络工程师、网络技术专家等相关人员进行了相关培训。

【问题1】（10分）

请基于以上案例中的服务合同内容，完成下表内容，以表格方式给出能满足B公司网络运行维护服务的最基本的服务目录。

服务名称	服务内容	服务方式	服务时间	服务级别目标
响应支持服务				
例行维护服务				
优化改善服务				

【问题 2】（8 分）

（1）请阐述你对运营级别协议（OLA）的理解。

（2）基于以上案例，说明 SLA、OLA 和支持合同（UC）的关系（可用图示）。

（3）基于以上案例，请指出热线中心和客户服务中心 OLA 的主要内容。

【问题 3】（7 分）

基于以上案例，请指出：

（1）事件管理过程的活动机制。

（2）热线中心和技术服务中心在事件管理过程中的主要活动。

【问题 4】（4 分）

从候选答案中选择一个正确选项，将该选项编号填入答题纸对应栏内。

依据 IT 服务人员要素设计的要求，B 公司为石化集团数据中心配备的项目组中，项目经理应承担 __(1)__ 职责、热线接线员应承担 __(2)__ 职责、网络技术专家应承担 __(3)__ 职责。在人员绩效指标设计时要符合 __(4)__ 原则。

    A．管理岗   B．技术岗   C．操作岗   D．SWOT   E．SMART

试题一分析

本题重点考查运行维护服务的服务目录、服务合同相关内容的理解。

【问题 1】

填空题，重点考查运行维护服务的服务目录的详细内容。（参考《系统规划与管理师教程》[①]4.3.4 小节）

【问题 2】

问答题，考查考生对运营级别协议（OLA）、服务级别协议（SLA）和支持合同（UC）的主要内容，以及三者之间的关系。（参考《系统规划与管理师教程》4.3.4 小节）

【问题 3】

问答题，考查事件案例过程的主要活动。（参考《系统规划与管理师教程》4.6.6 小节）

【问题 4】

填空题，考查在 IT 服务人员各岗位应当承担的职责。（参考《系统规划与管理师教程》4.6.3 小节）

参考答案

【问题 1】

服务名称	服务内容	服务方式	服务时间	服务级别目标
响应支持服务	故障排查服务、故障恢复服务、重大事件保障服务	现场+远程	5×8 小时 7×24 小时	响应时间 30 分钟 到达现场时间 2 小时 故障解决时间 4 小时

[①] 本章提及的《系统规划与管理师教程》（ISBN 9787302476160）是全国计算机技术与软件专业技术资格（水平）考试指定用书，清华大学出版社出版。

服务名称	服务内容	服务方式	服务时间	服务级别目标
例行维护服务	日常工作值守服务、巡检服务、日志记录	现场	5×8 小时	每天巡检
优化改善服务	隐患排查、系统升级、性能优化服务	现场	每季度	提供服务报告

（每格 1 分，满分 10 分，类似答案酌情给分）

【问题 2】

（1）运营级别协议（Operational Level Agreement，OLA）是<u>与某个内部 IT 部门就某项 IT 服务所签订的后台协议</u>（1 分），OLA 在 IT 内部定义了所有参与方的责任，并将这些参与方方联合在一起提供某项特别服务。

（2）SLA、OLA 和 UC 的关系图：（3 分）

文字表述：<u>SLA 由客户和 IT 服务提供商（B 公司）签订，是 OLA 和 UC 制定的依据（1 分）</u>；OLA 定义了 B 公司内部各 IT 部门的责任，<u>OLA 依据 SLA 制定（1 分）</u>；UC 是 B 公司与外部供应商之间签订的，<u>是依据 SLA 和 OLA 的内容制订的（1 分）</u>。

（3）

①热线中心 OLA 的内容：热线服务支持时间为 5×8 小时（1 分），如果不能解答，则转派（1 分）技术服务中心进行现场解决或远程技术支持服务。

②客户服务中心 OLA 的内容：按照 ITIL 事件管理要求建立事件管理程序（1 分），开展培训工作，监督相关文档交付情况（1 分）。

【问题 3】

（1）事件管理的活动机制：

①事件分类机制

②事件分级机制（优先级设计）

③事件升级机制（技术升级和管理升级）

④满意度调查机制（满意度调查与投诉管理）

⑤事件解决评估机制（绩效指标设计）

（每条 1 分，满分 3 分）

（2）热线中心和技术服务中心在事件管理过程中的主要活动：

热线中心开展事件受理、分类、派单、进度跟踪与关闭等活动。

（每条 1 分，满分 2 分）

技术服务中心开展事件的初步支持、调查诊断、升级、解决与关闭的活动。

（每条 1 分，满分 2 分）

【问题 4】

（1）A

（2）C

（3）B

（4）E

（每个 1 分，共 4 分）

试题二（共 19 分）

阅读下列说明，回答并计算问题 1 至问题 3，将解答填入答题纸的对应栏内。

【说明】

王先生加入一家新成立的大型企业担任 CIO，企业刚完成主要 IT 系统的建设，逐步进入稳定维护期，需要王先生尽快组织建立成熟的服务运营管理体系，对相关工作提供科学合理的考核管理。

王先生借鉴了成熟的 ITSS 服务标准，根据管理要素分别组织了不同的工作小组，包含过程组、备件管理组等。过程组经过多轮学习内训，充分理解了各个流程模块的管理要求，并采购了相关工具。备件管理组设计了完整的管理流程，确保对服务的支持。

在王先生的带领下，经过大家努力，不但在一年内建立起全面完整的服务运营管理体系，还在各项关键指标有了不俗的成绩。

以下是工作过程中收集的部分指标信息：

序号	指标信息
1	关键岗位人员储备 2 人，关键岗位人员数量 8 人
2	实际招聘人数 4 人，计划招聘人数 4 人
3	人员绩效考核合格 15 人，被考核人数 17 人
4	抽检备件完好数 230 件，抽检备件数 256 件
5	服务台共派单 112 件，退回 2 件
6	服务台共录单 112 件，不完整 1 件
7	SLA 达成事件总数 108 件，事件总数 120 件
8	服务报告按时提交 6 份，服务报告总数 6 份
9	事件成功解决 118 件，已关闭事件 119 件
10	共安排实施变更 15 次，回退 1 次
11	共安排实施发布 4 次，回退 0 次

【问题 1】(8 分)

请简要说明王先生建立运维运营体系过程中，需要考虑哪些关键管理要素？并针对每一要素给出所包含的至少 2 个管理点。

【问题 2】(5 分)

备件管理是确保服务如约定完成的重要手段，请指出在备件管理过程中主要包括哪些活动？

【问题 3】(6 分)

请根据案例给出的相关数据，计算如下指标：

（1）人员招聘达成率

（2）备件可用率

（3）服务台派单成功率

（4）SLA 达成率

（5）事件解决率

（6）变更成功率

试题二分析

本题重点考查对 IT 服务运营管理的内容熟悉程度。

【问题 1】

问答题，需要考生了解 IT 服务运营管理关注的四个要素及其内容。（参考《系统规划与管理师教程》6.2 节）

【问题 2】

问答题，需要考生熟悉 IT 服务运营管理中备件管理所包含的主要活动。（参考《系统规划与管理师教程》6.3.4 小节）

【问题 3】

计算题，需要考生熟悉 IT 服务运营管理常见关键考核指标的内容和计算公式，然后能通过案例给出的数据，算出相应指标结果。（参考《系统规划与管理师教程》6.6 节）

参考答案

【问题 1】

（1）人员要素管理（1 分）：

包括储备、评价、绩效、培训等（每个管理点 0.5 分，满分 1 分）；

（2）资源要素管理（1 分）：

包括工具、知识库、服务台、备件等（每个管理点 0.5 分，满分 1 分）；

（3）技术要素管理（1 分）：

包括研发规划、研发预算、成果运行和改进等（每个管理点 0.5 分，满分 1 分）；

（4）过程要素管理（1 分）：

包括服务级别、服务报告、事件、问题、变更、发布、配置、安全、连续性和可靠性、容量管理等（每个管理点 0.5 分，满分 1 分）。

【问题 2】

（1）备件申请

（2）采购

（3）到货入库

（4）领用

（5）报废

（每条 1 分，共 5 分）

【问题 3】

（1）人员招聘达成率=（实际招聘人数/计划招聘的人数）×100%=100%

（2）备件可用率=（定期检查备件完好数量/定期抽检备件数量）×100%=89.8%

（3）服务台派单成功率=（1–（退回派单数量/派单总数））×100%=98.2%

（4）SLA 达成率=（SLA 达成事件之和/事件总数）×100%=90%

（5）事件解决率=（成功解决事件数/已关闭事件总数）×100%=99.1%

（6）变更成功率=1–（回退变更数量/变更总数）×100%=93.3%

（每条 1 分，公式正确 0.5 分，结果正确 0.5 分，共 6 分。）

试题三（共 27 分）

阅读下列说明，回答问题 1 至问题 4，将解答填入答题纸的对应栏内。

【说明】

A 公司 IT 运维服务部门由 100 人组成，分别负责本省某商业银行业务支撑系统相关 Unix 主机、存储、网络、PC 等硬件设备的运维，以及数据库、中间件等系统软件的运维，包括计费系统、账务系统、PRM 系统、客服系统、经分系统、开通平台等业务系统的前后台维护工作。面向的用户为本省的业务系统使用人员。

随着业务量的逐年增加，需要不断对软硬件进行升级，运行维护对象的复杂程度逐渐增加，运维服务的压力逐渐提高，对备品备件的需求也逐渐增大，对备件响应的级别也越发苛刻，据此 A 公司对部分备件采用与外部供应商签署框架协议的方式来解决备件供应问题。但最近几次硬盘到货时间总超出约定时间，因此 A 公司计划重新选择硬盘设备供应商。

客户计划在今年引入整体的运维服务工具以提高现有的工作效率，但是市场上类似的服务产品有很多，A 公司准备为客户提供本公司的运维工具选择方案。

【问题 1】（8 分）

请指出 IT 营销都包含哪些阶段？并简要描述这几个阶段的主要活动。

【问题 2】（8 分）

请指出 A 公司选择新的备件供应商时应考虑的原则。

【问题 3】（6 分）

请说明常用的运维服务工具类别，以及每一类运维工具的主要功能。

【问题 4】（5 分）

请判断以下有关客户关系管理描述是否正确（填写在答题纸的对应栏内，正确的选项填写"√"，不正确的选项填写"×"）：

（1）定期沟通的主要内容包括供需双方对服务达成情况的总结回顾，重点问题的协商处理及确立后续改进计划等。（　　）

（2）日常沟通主要是及时了解客户对服务的感知情况，可以及时跟进客户需求变化，为后续服务改进制定针对性的措施，高层拜访属于日常沟通的形式。（　　）

（3）重视客户投诉，对投诉进行及时有效的处理甚至可以更好地提升客户对服务的感知，增加与客户之间的亲切感，促进客户对服务更积极的评价。（　　）

（4）事件结束之后的 Case by Case 的回访属于对事件解决结果的调查和反馈，不属于满意度调查的范围。（　　）

（5）考虑到服务成本，服务工程师在服务执行过程中，对服务级别约定之外的服务不予以提供。（　　）

试题三分析

本题重点考查 IT 服务营销过程中供应商管理、客户关系管理相关内容。

【问题 1】

问答题，重点考查 IT 营销所包含的阶段和主要活动。（参考《系统规划与管理师教程》9.2 节）

【问题 2】

问答题，重点考查供应商时应考虑的原则。（参考《系统规划与管理师教程》9.1.3 小节）

【问题 3】

问答题，重点考查考生对常见运维服务工具的种类以及每种工具的常见功能的理解和掌

握程度。（参考《系统规划与管理师教程》7.2.2 小节）

【问题 4】

判断题，重点考查客户关系管理的相关知识细节。（参考《系统规划与管理师教程》9.1.1 小节）

（1）定期沟通的主要内容包括供需双方对服务达成情况的总结回顾，重点问题的协商处理及确立后续改进计划等。

（2）日常沟通主要是及时了解客户对服务的感知情况，可以及时跟进客户需求变化，为后续服务改进制定针对性的措施，高层拜访属于日常沟通的形式。

（3）重视客户投诉，对投诉进行及时有效的处理甚至可以更好地提升客户对服务的感知，增加与客户之间的亲切感，促进客户对服务更积极的评价。

（4）事件结束之后的 Case by Case 的回访属于对事件解决结果的调查和反馈，也属于满意度调查的范围。

（5）服务工程师在服务执行过程中，对客户提出的服务级别约定之外的服务也应给予提供。

参考答案

【问题 1】

（1）启动准备阶段（1 分）：包括营销准备、编制营销计划（每个 0.5 分，共 1 分）；

（2）调研交流阶段（1 分）：包括需求调研、编制解决方案（每个 0.5 分，共 1 分）；

（3）能力展示阶段（1 分）：包括产品展示、保持持续沟通（每个 0.5 分，共 1 分）；

（4）服务达成阶段（1 分）：包括达成服务级别协议、做好持续服务（每个 0.5 分，共 1 分）。

【问题 2】

（1）供应商注册资本

（2）人员规模、学历及专业构成

（3）供应商已有客户规模

（4）供应商运维服务、信息安全相关资质

（5）供应商的服务流程规范性、支持服务体系

（6）供应商工程师技术能力水平、相关业界认证资质

（7）供应商服务范围的可扩展性

（8）供应商的人员能力体系及发展通道是否健全

（9）供应商服务面临服务压力时的可扩展性

（10）供应商与自身服务业务的竞争性及互补性

（11）供应商的业界评价

（每条 1 分，满分 8 分）

【问题 3】

类别：（1）监控类工具（1 分）

主要功能：性能管理、视图管理、告警管理、统计分析、日志管理等（每个 0.5 分，满分 1 分）

（2）过程管理类工具（1 分）

主要功能：服务级别管理、服务报告管理、事件管理、问题管理、配置管理、变更管理和发布管理等（每个 0.5 分，满分 1 分）

（3）其他类工具（1 分）

主要功能：应用程序进程管理、补丁管理、软件分发、远程桌面管理等（每个 0.5 分，满分 1 分）

【问题 4】

（1）√

（2）√

（3）√

（4）×

（5）×

（每个 1 分，共 5 分）

第6章 2018上半年系统规划与管理师下午试题 II 写作要点

> 从下列的 2 道试题（试题一至试题二）中任选 1 道解答。请在答题纸上的指定位置处将所选择试题的题号框涂黑。若多涂或者未涂题号框，则对题号最小的一道试题进行评分。

试题一 论 IT 服务运营管理

IT 服务运营管理方面的问题更多的不是来自产品或技术（如硬件、软件、网络、电力故障等）方面，而是来自管理方面。IT 服务的管理者，无论是企业内部的 IT 部门，还是外部的 IT 服务提供商，其 IT 服务运营的主要目的就是提供低成本、高质量的 IT 服务。根据我国信息技术服务标准（ITSS），IT 服务生命周期由规划设计、部署实施、服务运营、持续改进和监督管理 5 个阶段组成。其中 IT 服务运营是根据 IT 服务部署情况，采用过程方法，全面管理基础设施、服务流程、人员和业务连续性，实现业务运营与 IT 服务运营的全面融合。

请以"IT 服务运营管理"为题，分别从以下三个方面进行论述：

1. 概要叙述你参与过的或者你所在组织开展过的某项运行维护服务工作的基本情况（背景、目的、组织结构、周期、服务对象、服务方式、服务内容、交付成果等），并说明你在其中承担的工作。

2. 结合项目实际，论述你对 IT 服务运营管理的认识，可以包括但不限于以下几个方面。
（1）IT 服务运营管理的重要性。
（2）IT 服务运营管理在人员、资源、技术、过程方面的管理内容和关键点。
（3）IT 服务运营管理过程中的关键考核指标。

3. 请结合论文中所提到的运行维护服务工作，介绍你是如何进行 IT 服务运营管理的，包括具体做法和经验教训。

写作要点：

第一部分评分要点：
论文结构合理、摘要正确、正文完整、语言流畅、字迹清楚。
所述运行维护服务工作真实可信，介绍得当。

第二部分评分要点：
论述的要点要覆盖题目要求的三个方面，但又不局限于该三方面。

1. 运营管理的重要性（运营目的是保证正常业务的开展，强调价值增值，把战略、新产品开发、产品设计、采购供应、生产制造、产品配送直至售后活动看作完整"价值链"，对其进行集成管理）。

2. 运营管理包含人员要素管理、资源要素管理、技术要素管理和过程要素管理。

（1）人员要素管理。

内容：人员储备和连续性管理、人员能力评价与管理、人员绩效管理、人员培训管理。

关键点：成熟的知识管理体系、岗位培训、团队互备性、人员考核指标与效果等。

（2）资源要素管理。

内容：工具管理、知识管理、服务台管理与评价、备品备件管理。

关键点：工具可用性与稳定性、知识分类与管理、知识完整与更新、服务台与备品备件的可用性。

（3）技术要素管理。

内容：技术研发规划、技术研发预算、技术成果运行与改进。

关键点：技术力量对服务的支持。

（4）过程要素管理。

内容：服务级别管理、服务报告管理、事件管理、问题管理、配置管理、变更管理、发布管理、安全管理等。

关键点：过程的执行、监控和优化。

3. 服务运营过程中的关键考核指标。

人员：关键岗位人员储备率、人员招聘达成率、人员培训次数、人员绩效考核合格率等。

资源：备件可用性、新增知识条目、服务台一次派单成功率、服务台录入事件完整性等。

技术：研发成果数量。

过程：SLA 达成率、服务报告交付及时率、事件解决率、变更成功率、发布成功率、信息安全事件数等。

质量：客户满意度、管理评审次数、内部审核次数等。

第三部分评分要点：

根据考生描述的运行维护服务工作如何进行运营管理的阐述以及总结的心得体会，确定其叙述的 IT 服务运营管理及其评论是否合适，是否具有 IT 服务运营管理经验。陈述问题得当、真实，分析方式正确，评论合适。

试题二　论 IT 服务风险管理

风险是在实现服务目标过程中所带来的不确定性和可能性，风险一旦发生，会对服务产生某种影响。

请以"IT 服务风险管理"为题，分别从以下三个方面进行论述：

1. 概要叙述你参与管理过的 IT 服务项目（项目的背景、项目规模、目的、项目内容、组织结构、项目周期、交付的服务及产品等），并说明你在其中承担的工作。

2. 结合项目管理实际情况并围绕以下要点论述你对 IT 服务风险管理的认识。

（1）IT 服务过程中常见的风险。

（2）风险管理过程。

3. 请结合论文中所提到的 IT 服务项目，介绍你是如何进行 IT 服务风险管理的（可叙述具体做法），并总结你的心得体会。

写作要点：

第一部分评分要点：

论文结构合理，摘要正确，正文完整，语言流畅，字迹清楚。

所述项目真实可信，介绍得当。

第二部分评分要点：

分别论述：

1. IT 服务过程中常见的风险：

（1）人员方面：人员流动、人员技能不足、人员误操作等。

（2）技术方面：技术与服务对象不匹配等。

（3）资源方面：备品备件失效、服务工具失效等。

（4）过程方面：过程规定不完善等。

（5）其他：服务范围蔓延、数据丢失等。

2. 风险管理过程：风险管理规划、风险识别、风险分析与评估、风险应对规划、风险监控等。

第三部分评分要点：

根据考生描述的 IT 服务项目，以及对其所承担的 IT 服务项目如何进行风险管理的阐述以及总结的心得体会，确定其叙述的风险管理及其评论是否合适，是否具有 IT 服务风险管理的经验。陈述问题得当、真实，分析方式正确，评论合适。

第 7 章 2019 上半年系统规划与管理师上午试题分析与解答

试题（1）

信息传输技术是信息技术的核心，关于信息传输模型，正确的是__(1)__。

（1）A．信息传输模型包含信源、编码、信道、解码、信宿和噪声 6 个模块

　　　B．信息传输模型包含信源、编码、信道、解码、信宿 5 个模块

　　　C．信息传输模型包含信源、编码、信道、解码、信宿和放大 6 个模块

　　　D．信息传输模型包含信源、编码、信道、解码、信宿和衰减 6 个模块

试题（1）分析

参考《系统规划与管理师教程》[①]1.1.3 小节中的图 1.1。

本题主要考查对传输模型的熟悉程度，信息传输模型包含信源、编码、信道、解码、信宿和噪声 6 个模块。其中选项 B 少了噪声，选项 C 和选项 D 把噪声更换为传输过程中也会碰到的两种情况，作为干扰项。

参考答案

（1）A

试题（2）

实施"中国制造 2025"，促进两化深度融合，加快从制造大国转向制造强国，需要电子信息产业的有力支撑，大力发展新一代信息技术，加快发展__(2)__和工业互联网。

（2）A．大数据　　　　B．云计算　　　　C．智能制造　　　　D．区块链

试题（2）分析

参考《系统规划与管理师教程》1.2.5 小节。

实施"中国制造 2025"，促进两化深度融合，加快从制造大国转向制造强国，需要电子信息产业有力支撑，大力发展新一代信息技术，加快发展智能制造和工业互联网。

参考答案

（2）C

试题（3）

信息系统生命周期中，需要在不同阶段完成不同目标的任务。《需求规格说明书》应在__(3)__阶段完成。

（3）A．立项　　　　B．设计　　　　C．运维　　　　D．消亡

[①] 本章提及的《系统规划与管理师教程》(ISBN 9787302476160) 是全国计算机技术与软件专业技术资格（水平）考试指定用书，由清华大学出版社出版。

试题（3）分析

参考《系统规划与管理师教程》1.3.2 小节。

本题主要考查对信息系统生命周期的熟悉程度，唯一可能混淆的就是选项 B，但《需求规格说明书》在本文中属于立项阶段交付成果，所以应该选择选项 A。

参考答案

（3）A

试题（4）

信息系统总体规划中需要进行应用架构规划，__(4)__ 不属于应用架构规划应考虑的内容。

(4) A．应用建模　　B．应用现状　　C．应用要素　　D．应用体系设计

试题（4）分析

参考《系统规划与管理师教程》1.3.3 小节。

应用架构需考虑如下方面：应用现状、应用要素、应用体系设计。所以应该选择 A。

参考答案

（4）A

试题（5）

A 公司 CIO 在新财年工作启动会上，宣告："2 年内，公司 IT 架构要实现全面云化，通过混合云方式，提供业务所需的多快好省的信息服务支持"。该宣告属于企业 IT 战略的 __(5)__ 。

(5) A．使命　　B．远景目标　　C．中长期目标　　D．策略路线

试题（5）分析

参考《系统规划与管理师教程》1.4.2 小节。

本题主要考查对 IT 战略内容的熟悉程度，其中对中长期目标的解释为"远景目标的具体化，即企业未来 2～3 年信息技术发展的具体目标"，所以应该为 C。

参考答案

（5）C

试题（6）

IT 战略规划的 4 个步骤包括 __(6)__ 。

(6) A．IT 现状分析、评估现行系统、识别机会、选择方案
　　B．业务分析、评估投入产出、识别机会、选择方案
　　C．IT 现状分析、评估现行系统、识别风险、选择方案
　　D．业务分析、评估现行系统、识别机会、选择方案

试题（6）分析

参考《系统规划与管理师教程》1.4.2 小节。

IT 战略规划包括 4 个步骤：业务分析、评估现行系统、识别机会、选择方案。

参考答案

（6）D

试题（7）

软件维护中，改进交付后产品的性能和可维护性属于 __(7)__ 。

(7) A．更正性维护 　　　　　　 B．适应性维护
　　 C．完善性维护 　　　　　　 D．预防性维护

试题（7）分析

参考《系统规划与管理师教程》2.1.3 小节。

本题主要考查对软件维护内容的熟悉程度，其中题干就是"完善性维护"的定义。更正性维护定义中有更正的关键字，适应性维护定义中强调变化后或变化中继续使用，预防性维护强调在发生实际错误前就更正，所以答案为完善性维护。

参考答案

(7) C

试题（8）

小王是一名教师，性别男，身高180cm，主讲历史，擅长打篮球。该实例中类和对象相关描述，正确的是 __(8)__ 。

(8) A．小王是对象，教师是类，性别身高是状态信息，讲课和打篮球是对象行为
　　 B．小王是类，教师是对象，性别身高是状态信息，打篮球是对象行为
　　 C．小王是状态信息，教师是类，性别身高是对象，讲课和打篮球是对象行为
　　 D．小王是对象，教师是状态信息，性别身高是类，讲课是对象行为

试题（8）分析

参考《系统规划与管理师教程》2.1.1 小节。

本题主要考查考生对面向对象基本概念的熟悉程度，通过万物皆对象，对象中又包含标识、状态和行为，而对象抽象后成为类。所以 A 为正确答案。

参考答案

(8) A

试题（9）

__(9)__ 提供支持大规模事务处理的可靠运行环境。

(9) A．数据库访问中间件 　　　　 B．远程过程调用中间件
　　 C．事务中间件 　　　　　　　 D．面向消息中间件

试题（9）分析

参考《系统规划与管理师教程》2.4.1 小节。

本题主要考查对各种软件中间件内容的熟悉程度，其中通过关键字"事务处理"可以判断为 C。

参考答案

(9) C

试题（10）

172.16.0.255 属于 __(10)__ 。

(10) A．A 类地址　　B．B 类地址　　C．C 类地址　　D．D 类地址

试题（10）分析

参考《系统规划与管理师教程》2.4.2 小节。

本题主要考查对 IP 地址划分的熟悉程度，教材上没有详细的关于 IP 地址的内容，本题考查考生的基础知识积累。172 开头的是 B 类地址。

参考答案

(10) B

试题（11）

在 OSI 参考模型中，__(11)__ 是指四层交换，并对端口进行变更。

(11) A．传输层交换　　　　　　　　B．链路层交换

　　　C．网络层交换　　　　　　　　D．应用层交换

试题（11）分析

参考《系统规划与管理师教程》2.4.3 小节。

传输层属于四层交换，针对端口进行变更；链路层属于二层交换，对 MAC 地址进行变更；网络层基于属于三层交换，对 IP 地址进行变更；应用层基于数据内容类型。

参考答案

(11) A

试题（12）

大数据所涉及关键技术很多，主要包括采集、存储、管理、分析与挖掘相关技术。其中 HBase 属于 __(12)__ 技术。

(12) A．数据采集　　B．数据存储　　C．数据管理　　D．数据分析与挖掘

试题（12）分析

参考《系统规划与管理师教程》2.5.1 小节。

MapReduce 属于分析挖掘技术，Chukwa 属于数据采集技术，HDFS 属于分布式文件系统，HBase 属于开源数据库，能够搭建大规模存储集群。

参考答案

(12) B

试题（13）

如果将部门聚餐烤肉比作购买云计算服务，去饭店吃自助烤肉、去饭店直接吃烤肉、自己架炉子买肉烤着吃，分别对应 __(13)__ 服务。

(13) A．SaaS、PaaS、IaaS　　　　　　B．PaaS、SaaS、IaaS

　　　C．SaaS、IaaS、PaaS　　　　　　D．PaaS、IaaS、SaaS

试题（13）分析

参考《系统规划与管理师教程》2.5.2 小节。

去饭店自助烤肉相当于使用饭店提供的烤肉平台，但肉仍然需要自己烤，属于 Paas；去饭店直接吃肉，相对于直接享受最终应用服务，属于 Saas；而自己准备所有工具和材料，属于 Iaas。

参考答案

（13）B

试题（14）

关于物联网的描述，正确的是　（14）　。

（14）A．物联网架构共分三层，分别包括感知层、网络层和应用层，其中网络层是物联网架构的基础层面

　　　B．物联网架构共分三层，分别包括接入层、汇聚层和核心层，其中接入层是物联网架构的基础层面

　　　C．物联网架构共分三层，分别包括感知层、网络层和应用层，其中感知层是物联网架构的基础层面

　　　D．物联网架构共分三层，分别包括接入层、汇聚层和核心层，其中汇聚层是物联网架构的基础层面

试题（14）分析

参考《系统规划与管理师教程》2.5.3 小节。

物联网架构共分三层，分别包括感知层、网络层和应用层。接入层、汇聚层和核心层为网络架构传统三层结构术语，属于干扰项，因此选项 B、D 不正确。在物联网中，传感器属于最大、最基础的环节，因为归到感知层，所以只有选项 C 正确。

参考答案

（14）C

试题（15）

与有形产品相比，服务的独有特性不包含　（15）　。

（15）A．无形性　　　B．不可分离性　　　C．异质性　　　D．不易消失性

试题（15）分析

参考《系统规划与管理师教程》3.1.2 小节。

与有形产品相比，服务具有无形性、不可分离性、异质性和易消失性。因为服务无法存储，产能缺乏弹性，所以服务具有时间效用。因此选项为 D。

参考答案

（15）D

试题（16）

关于运维的描述，不正确的是　（16）　。

（16）A. 运维是采用信息技术手段及方法，依据需方提出的服务级别要求，对信息系统基础环境、硬件和软件等提供各种技术支持和管理服务

B. 面向台式机、便携式计算机以及输入输出设备的运维服务，属于主机运维服务

C. 运维服务能力的关键要素包括：人员、技术、资源和过程

D. 运维是信息系统全生命周期中的重要阶段，是内容最多、最繁杂的部分

试题（16）分析

参考《系统规划与管理师教程》3.2.1 小节。

面向计算机设备中的巨/大/中型机、小型机、PC 服务器等的运维服务，属于主机运维服务。

参考答案

（16）B

试题（17）

关于 IT 治理与 IT 管理的关系描述，不正确的是 __(17)__ 。

（17）A. IT 管理和 IT 治理相辅相成，缺一不可

B. IT 治理是 IT 管理的基石

C. IT 治理比 IT 管理更重要

D. IT 治理是在 IT 管理既定模式下采取的行动

试题（17）分析

参考《系统规划与管理师教程》3.3 节和 3.4 节。

本题主要考查对 IT 管理和 IT 治理关系的熟悉程度，原文明确 IT 管理与 IT 治理缺一不可，相辅相成；IT 治理是 IT 管理的基石，比 IT 管理更重要。IT 管理是在既定的 IT 治理模式下，管理层为实现企业目标而采取的行动，所以由此看，应该选择 D。

参考答案

（17）D

试题（18）

IT 组织学习贯彻 IT 服务管理（ITSM）方法论，能带来的转变不包括 __(18)__ 。

（18）A. 设备监控转变为全方位管理

B. 事后处理转变为主动预防

C. 人员分工转变为角色定位

D. 业务导向转变为技术导向

试题（18）分析

参考《系统规划与管理师教程》3.4.2 小节中的图 3.1。

ITSM 带来收益包括关注技术转变为关注业务，被动转变为主动，尽力而为转变有承诺的 SLA，依靠个别工程师转变为依靠知识库等，所以正确答案是 D。

参考答案

（18）D

试题（19）

项目管理中，主要是对 __(19)__ 4个变量的控制。

(19) A．时间、成本、质量、范围

　　　B．时间、风险、质量、人力

　　　C．时间、成本、人力、风险

　　　D．时间、风险、范围、沟通

试题（19）分析

参考《系统规划与管理师教程》3.5节。

本题主要考查对项目管理核心变量内容的熟悉程度，5个变量包括：时间、成本、质量、范围、风险，所以应该选择A。另外，人力、沟通和采购也属于项目管理的模块之一，但不属于核心变量。

参考答案

（19）A

试题（20）

下图是 __(20)__ 项目群管理框架。

(20) A．多客户　　　B．多业务　　　C．单客户　　　D．单业务

试题（20）分析

参考《系统规划与管理师教程》3.5.2小节。

管理架构第二层是按照客户区分的，又是多客户，所以应该选择A。

参考答案

（20）A

试题（21）

六西格玛管理是一种改善企业质量流程管理方法，以"零缺陷"的完美商业追求，带动质量成本的大幅度降低。关于六西格玛管理的描述，不正确的是 __(21)__ 。

(21) A．六西格玛遵循五步循环改进法，即定义、测量、分析、改进、回顾

　　　B．六西格玛人员包括绿带、黑带和黑带大师

C. 六西格玛中过程能力用西格玛来度量,西格玛越大过程波动越小

D. 六西格玛管理既着眼于产品、服务质量,又关注过程改进

试题(21)分析

参考《系统规划与管理师教程》3.6.2 小节。

6σ 改进五步法,即 DMAIC(定义、测量、分析、改进、控制)。

参考答案

(21) A

试题(22)

信息安全的基本属性包括 5 个方面,除了保密性、完整性、可用性和可控性外,还包括__(22)__。

(22) A. 主动性　　　B. 合规性　　　C. 校验性　　　D. 可靠性

试题(22)分析

参考《系统规划与管理师教程》3.7.1 小节。

信息安全的基本属性包括 5 个方面:保密性、完整性、可用性、可控性和可靠性。

参考答案

(22) D

试题(23)

信息系统受到破坏后,会对社会秩序和公共利益造成严重损害,或者对国家安全造成损害,属于信息系统安全等级保护的__(23)__要求。

(23) A. 一级　　　B. 二级　　　C. 三级　　　D. 四级

试题(23)分析

参考《系统规划与管理师教程》3.7.2 小节。

省级门户网站和地市级及以上重要的业务网站定为三级,所以选择 C。

参考答案

(23) C

试题(24)

某企业组织级服务目录新增一种"安全运维服务",为保障运维活动有效开展,其 IT 服务规划设计活动不包括__(24)__变更。

(24) A. 运维相关人员岗位设置　　　B. 安全运维服务模式

　　　C. 知识库知识分类　　　　　　D. 服务台管理与评价

试题(24)分析

参考《系统规划与管理师教程》4.3 节。

规划设计流程中的主要活动包括:服务需求识别,服务目录设计,服务方案设计(含服务模式设计、服务级别设计、人员要素设计、过程要素设计、技术要素设计、资源要素设计),服务成本评估和服务级别协议设计。服务台管理与评价不属于规划设计活动。

参考答案

（24）D

试题（25）

参与服务目录设计活动的小组成员至少应包括__(25)__。

（25）A．需方业务代表、质量管理工程师、系统规划与管理师

B．系统规划与管理师、运维项目经理、研发工程师

C．需方业务代表、系统规划与管理师、IT 服务工程师

D．运维项目经理、IT 服务工程师、风险评估师

试题（25）分析

参考《系统规划与管理师教程》4.3.2 小节。

确定小组成员：参与人员至少应包括需方业务代表、系统规划与管理师、IT 服务工程师，以确保制订服务目录时的视角是全面的。

参考答案

（25）C

试题（26）

在服务目录设计中，可以通过__(26)__，为 IT 组织和部门创造更多、更有意义的附加价值。

①对桌面运维服务进行统一收费

②根据服务呼叫数量来确定费用

③降低服务器巡检频率、性能优化次数

④增加数据迁移服务等其他运维服务

（26）A．①②③ B．①②④ C．②③④ D．①③④

试题（26）分析

参考《系统规划与管理师教程》4.3.3 小节。

服务目录包含众多条款和变量，可以为 IT 组织和部门创造更多、更有意义的附加价值。以下是服务目录中可能包含的一些变量及促进因素：

（1）对服务进行统一收费（如针对每个服务传递者、人员或业务单位）。

（2）确定服务使用费或基于服务能力的收费额（如根据服务呼叫数量来确定费用情况）。

（3）增加循环过程中服务消费的数量或单元。

（4）确定相似服务提供时的优先次序。

（5）获取新的服务或添加附加客户的流程及程序。

参考答案

（26）B

试题（27）

关于服务级别协议的描述，不正确的是__(27)__。

(27) A. 服务级别协议包括服务范围、服务时间、服务交付方式、服务交付内容等，各方代表需签字

B. 服务级别协议是在一定成本控制之下，为保障 IT 服务性能和可维护性，服务供方与其内部部门间定义的一种双方认可的协定

C. 如果服务级别协议中包含了针对某个具有高优先事件的总目标，则运营级别协议中就应该包括针对整个支持链的每个环节的具体目标

D. 一个完整的服务级别协议包括涉及的当事人、协定条款、违约处罚、双方义务等

试题（27）分析

参考《系统规划与管理师教程》4.4.2 小节。

服务级别协议（Service Level Agreement，SLA）是在一定成本控制下，为保障 IT 服务的性能和可靠性，服务供方与客户间定义的一种双方认可的协定。

如果 SLA 中包含了一个针对恢复某个具有高优先事件的总目标，则 OLA 中就应该包括针对整个支持链的每个环节的具体目标。

一个完整的 SLA 也是一个合法的文档，包括涉及的当事人、协定条款（包含应用程序和支持的服务）、违约的处罚、费用和仲裁机构、政策、修改条款、报告形式和双方的义务等。

服务级别协议内容包括服务范围、服务时间、服务交付方式、服务交付内容、各方代表需签字。

参考答案

（27）B

试题（28）

下列系统可靠性最高的是　(28)　。

(28) A. 系统运行时间 6000 小时，发生故障 2 次，故障 1 耗时 4 小时，故障 2 耗时 5 小时

B. 系统运行时间 7000 小时，发生故障 3 次，故障 1 耗时 2 小时，故障 2 耗时 5 小时，故障 3 耗时 3 小时

C. 系统运行时间 5000 小时，发生故障 1 次，故障耗时 50 小时

D. 系统运行时间 4000 小时，发生故障 2 次，故障 1 耗时 2 小时，故障 2 耗时 3 小时

试题（28）分析

参考《系统规划与管理师教程》4.5.1 小节。

平均无故障时间（MTBF）=系统运行时间/系统在运行时间的故障次数，平均无故障时间越长，系统的可靠性越高。

MTBF 分别为：6000/2，7000/3，5000/1，4000/2。

C 项数据最大。

参考答案

（28）C

试题（29）

某企业整合其外部最优秀的 IT 专业化资源，用于向客户提供 IT 基础设施和应用服务，从而达到降低成本、提高效率的目的。该企业采取了__（29）__服务模式。

（29）A．云计算　　　　　　　　B．业务流程外包

　　　C．知识流程外包　　　　　D．IT 外包

试题（29）分析

参考《系统规划与管理师教程》4.6.1 小节。

常见的 IT 服务模式划分方法如下：①是将 IT 服务模式划分为远程支持（电话或邮件）、现场服务（上门技术支持、常驻现场）、集中监控等多种技术支持服务模式，如教程的表 4.6 所示；②是将 IT 服务模式分为 IT 外包（ITO）、业务流程外包（BPO）和知识流程外包（KPO）等外包服务和新兴服务模式，如 SaaS（Software as a Service）、云计算（Cloud Computing）等。

参考答案

（29）D

试题（30）

某项目服务级别协议约定：为甲方提供网络运维服务，提供 7×24 小时服务，服务响应时间为 5 分钟内，响应及时率达 90%，备件到场时间为 6 小时，每月提交服务报告，通过 400 电话受理服务请求。根据该级别协议进行服务方案设计，不正确的是__（30）__。

（30）A．定义备件响应级别，备件到场时间不多于 6 小时

　　　B．人员培训方案设计包含桌面及应用软件运维服务知识

　　　C．在服务台中配置客户信息、服务内容、服务级别等服务信息

　　　D．建立服务报告计划，包括提交方式、时间、需方接受对象等

试题（30）分析

参考《系统规划与管理师教程》4.6 节。

备件响应方式和级别定义，能够满足 SLA 所约定的备件支持。为保障服务人员持续具备满足 SLA 要求的服务能力，需要通过培训来辅助 IT 服务人员的技术能力持续满足 IT 技术发展的需要。

在规划设计阶段，一旦设定了服务级别和服务内容，服务供方就需要在服务台中配置相关的服务信息，包括相关的客户信息、服务内容和服务级别等基础信息，以便于服务提供。

服务报告计划包括提交方式、时间、需方接受对象等。

参考答案

（30）B

试题（31）

系统规划与管理师协助 HR 组建服务团队，需要参照__（31）__，根据岗位说明书对人员的知识、技能、经验三方面的要求分别进行判断。

(31) A．储备计划 　　　　　　　　　　B．招聘计划
　　　C．服务级别协议 　　　　　　　　D．培训计划

试题（31）分析

参考《系统规划与管理师教程》5.2.2 小节。

系统规划与管理师协助 HR 采用外部招聘和内部调岗的方式来组建服务团队，在此过程中，系统规划与管理师需要参照储备计划，根据岗位说明书中对人员的知识、技能、经验三方面的要求分别进行判断。

参考答案

(31) A

试题（32）

依据__（32）__进行决策，以决定工具部署上线是否采用阶段式部署。

(32) A．服务响应级别与影响度范围 　　B．风险级别与影响度范围
　　　C．风险级别与部署复杂度 　　　　D．服务响应级别与部署复杂度

试题（32）分析

参考《系统规划与管理师教程》5.2.3 小节。

依据风险级别与影响度范围，决策工具部署上线是否采用阶段式部署。

参考答案

(32) B

试题（33）

关于应急响应演练的描述，正确的是__（33）__。

(33) A．综合应急预案采用实战演练方式进行，专项应急预案采用桌面演练方式进行
　　　B．演练中止条件为方案的演练目的、内容、程序都已按要求演练完毕
　　　C．演练总结分为现场总结、评估总结、事后总结
　　　D．演练结束后应对演练计划、演练方案等相关资料备案保存 6 年

试题（33）分析

参考《系统规划与管理师教程》5.2.3 小节。

演练过程控制：综合应急预案采用桌面演练方式进行，专项应急预案及现场处置。

演练结束与终止条件。各预案演练结束的条件：方案的演练目的、内容、程序都已按要求演练完毕。演练中止的条件：出现真实突发事件，需要参演人员参与应急处置时要中止演练，使参演人员迅速回归其工作岗位。

演练总结包括：现场总结和事后总结。

演练组织单位在演练结束后应将演练计划、演练方案、应急预案演练评估报告、应急预

案演习报告（总结）等资料按规定报有关部门备案，并留一份归档保存。保存的期限通常为6年。

参考答案

（33）D

试题（34）

___（34）___不属于过程要素部署实施的工作内容。

（34）A．过程与制度发布

B．过程电子化管理和数据初始化

C．搭建测试环境

D．体系试运行

试题（34）分析

参考《系统规划与管理师教程》5.2.4 小节。

过程要素部署实施包括：（1）过程与制度发布；（2）过程电子化管理和数据初始化；（3）体系试运行。搭建测试环境属于技术要素部署实施的内容。

参考答案

（34）C

试题（35）

开发工具指导书和标准操作规范属于___（35）___阶段的工作内容。

（35）A．IT 服务部署实施计划 B．IT 服务部署实施执行

C．IT 服务部署实施改进 D．IT 服务部署实施验收

试题（35）分析

参考《系统规划与管理师教程》5.3.2 小节。

作为一个计划，一定要有明确的任务列表与分工。此处列出 IT 服务部署实施计划中的主要工作内容：

- 客户化服务规范。
- 开发工作指导书和标准操作规范。
- 编写服务计划。

参考答案

（35）A

试题（36）

在 IT 服务部署实施执行阶段，与客户的回顾内容不包括___（36）___。

（36）A．服务目标达成情况 B．服务范围与工作量

C．对交付物的特殊说明 D．客户业务需求的变化

试题（36）分析

参考《系统规划与管理师教程》5.3.2 小节。

IT 服务回顾机制。IT 服务回顾既要考虑与客户的回顾机制与回顾内容，还要考虑服务运营团队内部的回顾机制与回顾内容。通常来说，与客户的回顾内容主要包括：
- 服务合同执行情况。
- 服务目标达成情况。
- 服务绩效（服务级别协议）与成果。
- 服务范围与工作量。
- 客户业务需求的变化。
- 本周期内遇到的特殊或疑难问题。
- 本周期内的服务运营团队的各项绩效指标总结。

选项 C 属于 IT 服务部署实施验收阶段的工作内容。

参考答案

（36）C

试题（37）

A 项目按照部署实施计划阶段的交付物验收标准进行验收，验收过程中发现交付物与交付计划标准不符，则需 __（37）__ 。

（37）A．重新制订交付计划
　　　B．做出正式书面声明，项目干系人确认签字
　　　C．按实际交付物完成验收
　　　D．通过电话与项目干系人确认

试题（37）分析

参考《系统规划与管理师教程》5.3.3 小节。

交付物验收是部署实施验收阶段最重要的工作，按照部署实施计划阶段的交付物验收标准验收即可。需要说明的是，若交付物与计划有出入，需要做正式的书面声明，并经过项目干系人签字确认。

参考答案

（37）B

试题（38）

对服务台人员进行绩效考核时发现，某服务台工程师一线解决率低于平均值，对其进行绩效考核成果分析，结果表明该服务台工程师个人能力不够且积极性较差。针对该考核结果，不宜采取 __（38）__ 方式进行改进。

（38）A．对该名服务台工程师进行服务台业务知识培训
　　　B．对其进行口头批评、扣罚奖金
　　　C．通过沟通进行适当激励
　　　D．对其设置岗位互备

试题（38）分析

参考《系统规划与管理师教程》6.2.3 小节。

基于绩效考核分析的改进包括：

- 管理改进：如果绩效考核存在普遍性，就要考虑从管理入手，解决过程体系的问题，或者引入更好的知识管理，还可能要引入升级机制与沟通机制。
- 培训：如果是人员能力出现问题，就要针对人员能力进行系统的培训与辅导。
- 激励：如果是人员的积极性出现问题，那么可以考虑采用激励手段。常见的激励手段有奖金、升迁、表扬等方式，必要情况下，采用惩罚机制也能起到激励作用。
- 改变绩效方案：经过分析，如果发现绩效的设置明显不符合业务需求，或者存在无法实现的可能，又或是绩效过于容易实现，没有起到管理与促进的作用，就需要改变绩效考核方案，包括考核的标准与考核的方法。

参考答案

（38）D

试题（39）

A 公司运维团队每季度对知识库进行全面评审，评审后将更新、整合的知识内容重新纳入知识管理流程，该工作属于__（39）__的工作内容。

（39）A．IT 服务部署实施阶段的知识库初始化

B．IT 服务部署实施阶段的知识转移

C．IT 服务规划设计阶段的知识库需求识别

D．IT 服务运营管理阶段的知识管理

试题（39）分析

参考《系统规划与管理师教程》6.3.2 小节。

IT 服务运营管理阶段，对资源要素的管理内容包括：工具管理、知识管理、服务台管理与评价等。

参考答案

（39）D

试题（40）

__（40）__不属于零基预算的优点。

（40）A．不受现有费用项目限制　　　　B．编制预算的工作量小

C．有利于合理利用资金　　　　　　D．不受现行预算约束

试题（40）分析

参考《系统规划与管理师教程》6.4.3 小节。

零基预算：更详细的现状分析、费用分析、需求预测、效率提升比、研发投入与产出比、投资回报率分析等，当管理层拿到这样的数据或报告时，才可能打动他们，进而持续地拿出一笔钱投入一个已在运行的工作中。

参考答案

（40）B

试题（41）

在服务运营中，__(41)__ 不会更新服务目录。

(41) A．服务范围扩大

B．原有服务范围基础上变更服务级别

C．更新服务报告模板

D．组织的服务能力提升

试题（41）分析

参考《系统规划与管理师教程》6.5.1 小节。

在服务运营中，随时会产生新的服务需求与请求；组织的服务能力提升、服务范围扩大；客户在原有服务范围的基础上变更服务级别等需求，均应对服务目录进行及时更新，并在与客户协商一致的基础上对服务级别协议进行变更。

参考答案

（41）C

试题（42）

变更顾问委员会（CAB）会议召开的频率是 __(42)__ 。

(42) A．每天一次　　B．每周一次　　C．每月一次　　D．按需召开

试题（42）分析

参考《系统规划与管理师教程》6.5.6 小节。

对变更进行评估并最终审核，要充分考虑变更所带来的风险，对于变更或不变更带来的后果需要进行分析，必要时应该召开变更顾问委员会（CAB）进行讨论。

参考答案

（42）D

试题（43）

A 企业最近将现有的客户关系系统迁移至虚拟化平台，并对应用软件进行全面功能性升级。针对该过程，__(43)__ 不能保证满足可用性、连续性。

(43) A．计算可用性指标是否达到服务级别协议

B．对可用性和连续性计划进行重新测试

C．记录可用性和连续性计划的测试结果，测试失败需产生行动计划

D．评估系统迁移对可用性和连续性计划的影响

试题（43）分析

参考《系统规划与管理师教程》6.5.9 小节。

（1）可用性和连续性计划必须至少每年开发、检查，确保协定的需求在从遭受一般损失到巨大损失的任何情况下，都得到满足。计划必须被维护来反映协议下的业务要求变更。

第 7 章 2019 上半年系统规划与管理师上午试题分析与解答

（2）当业务环境发生重大变更时，可用性和连续性计划必须被重新测试。

（3）变更管理流程必须评估变更对可用性和连续性计划的影响。

（4）可用性必须被测量和记录。计划之外发生的不可用情况，必须被调查并采取合适的行动：只要有可能，必须预告潜在的事件，并且采取预防行动。

（5）连续性计划、联系列表和配置管理数据库在正常办公室访问被禁止时必须仍可使用。连续性计划必须包括对正常工作的恢复。

（6）连续性计划必须被测试，以保证与业务的需求一致。

（7）必须记录所有的连续性计划的测试，对测试失败事件必须有新的行动计划。

参考答案

（43）A

试题（44）

在服务运营过程中，____（44）____属于应用资源监控的内容。
①应用服务运行情况　　②服务或端口响应情况
③作业执行情况　　　　④资源消耗情况
⑤安全事件审计　　　　⑥管理权限用户的行为审计

（44）A．④⑤⑥　　　　　　B．③④⑤
　　　C．①③⑥　　　　　　D．②③④

试题（44）分析

参考《系统规划与管理师教程》6.7 节中的表 6.9、表 6.10 和表 6.11。

应用资源监控内容包括：

- 应用的请求和反馈响应时间；
- 资源消耗情况；
- 进程状态；
- 服务或端口响应情况；
- 会话内容情况；
- 日志和告警信息；
- 数据库连接情况；
- 存储连接情况；
- 作业执行情况。

应用服务运行情况属于基础软件监控内容，安全事件审计和管理权限用户的行为审计属于硬件设备监控内容。

参考答案

（44）D

试题（45）

项目经理提交项目绩效分析报告，总结分析人员绩效情况、服务 SLA 达成情况、重大事件处理情况等。该活动是对__(45)__进行测量。

(45) A. 服务技术　　　　B. 服务过程　　　　C. 服务资源　　　　D. 服务安全

试题（45）分析

参考《系统规划与管理师教程》7.2.2 小节。

服务过程测量的活动：由系统规划与管理师制订阶段性项目计划及需求，进行统计分析，并形成"项目绩效分析"作为项目总结报告或月度服务报告的核心组成部分。评测内容包括（但不限于）：服务 SLA 达成率分析、重大事件分析（MTTR、服务效率）、人员绩效分。

参考答案

(45) B

试题（46）

不属于系统规划与管理师在服务四要素改进中的工作职责的是__(46)__。

(46) A. 负责具体的改进目标和方案审批

　　　B. 负责定期组织改进回顾

　　　C. 负责管理和控制服务四要素改进项目的实施

　　　D. 负责该项目完成后进行知识转移

试题（46）分析

参考《系统规划与管理师教程》7.4.2 小节。

服务四要素改进主要由系统规划与管理师和服务质量负责人负责，具体包括：

- 负责制订具体的改进目标和方案，报服务管理体系负责人审批。
- 负责管理和控制服务四要素改进项目的实施。
- 对改进活动的结果负责。
- 负责定期组织改进回顾，巩固改进成果。
- 负责改进项目完成后进行知识转移。

参考答案

(46) A

试题（47）

WEB 服务器 CPU 利用率≤85%，该测量指标属于__(47)__。

(47) A. 技术指标　　　　B. 过程指标　　　　C. 服务指标　　　　D. KPI 指标

试题（47）分析

参考《系统规划与管理师教程》7.2 节。

基于 IT 组件和应用的测量，如可用性、性能都是技术指标。

参考答案

(47) A

试题（48）

关于服务回顾的描述，不正确的是__(48)__。

(48) A. 服务回顾的工作包括：服务回顾机制、内容和对象，服务回顾的目的和作用、目标受众，以及如何进行服务回顾

B. 服务回顾的形式可包括：客户服务回顾、项目内部会议、第三方机构意见收集、服务报告等

C. 服务回顾的主要活动根据服务需方与供方不同的关注内容可分为两类

D. 基于回顾报告，从满足项目管理的需求出发进行调整和改进

试题（48）分析

参考《系统规划与管理师教程》7.3 节。

基于回顾报告，从满足业务和客户的需求出发，进行调整和改进。

参考答案

（48）D

试题（49）

针对重大事件、特殊事件的沟通，包括服务内容变更、客户投诉等属于＿＿（49）＿＿服务回顾机制。

（49）A．一级　　　　B．二级　　　　C．三级　　　　D．四级

试题（49）分析

参考《系统规划与管理师教程》7.3.2 小节中的表 7.3。

针对重大事件、特殊事件的沟通，包括服务内容变更、客户投诉等属于一级服务回顾机制。

参考答案

（49）A

试题（50）

增值服务通常是指超出协议约定内容之外的服务，＿＿（50）＿＿不属于增值服务的原则。

（50）A．不能影响现有协议约定的服务内容

B．增值服务贴合客户需要

C．能力范围内对增值服务内容进行缩减

D．增值服务投入在可接受的范围内

试题（50）分析

参考《系统规划与管理师教程》9.1.1 小节。

增值服务的四原则包括：不能影响现有协议约定的服务内容；增值服务贴合客户需要；增值服务投入在可接受的范围内；本身有能力对增值服务内容进行引申。

参考答案

（50）C

试题（51）

在 IT 服务营销过程的＿＿（51）＿＿阶段，要求系统规划与管理师做好现有 IT 服务项目升级

需求的挖掘工作。

　　（51）A．启动准备　　　B．调研交流　　　C．能力展示　　　D．服务达成

试题（51）分析

　　参考《系统规划与管理师教程》9.2 节中的表 9.11。

　　需求挖掘工作在 AD 两个阶段都有，其中调研交流阶段强调挖掘客户的潜在需求，服务达成阶段强调对现有服务的升级需求挖掘。

参考答案

　　（51）D

试题（52）

　　某公司签署的服务器运维项目的核算表如下所示，该项目已结项，其投资回报率为__（52）__。

　　（52）A．14.49%　　　　B．16.95%　　　　C．17.65%　　　　D．22.2%

项目核算表（单位：万元）

月	项目收入	人工费用	硬件采购	场地费用	外部支持	研发分摊费	其他开支
1月	180	4		0.8	1.2	1.1	0.5
2月		6	2	0.8		1.1	
...							
合计	200	120	26	9.6	4.4	2.5	7.5

试题（52）分析

　　参考《系统规划与管理师教程》9.3.2 小节。

　　项目投资总额=所有支出费用=120+26+9.6+4.4+2.5+7.5=170。

　　项目利润=项目收入–项目总投资额=200–170=30。

　　项目投资回报率=项目利润/项目投资总额×100%=30/170×100%=17.65%。

参考答案

　　（52）C

试题（53）

　　系统规划与管理师在服务的核算分析与总结活动中，不正确的是__（53）__。

　　（53）A．对严重偏离预算的资金或资源进行分析

　　　　　B．识别项目预算收入项与开支项

　　　　　C．预算开支项的设计合理性

　　　　　D．预算资源和资金在时间周期上分配的合理性

试题（53）分析

　　参考《系统规划与管理师教程》9.3.2 小节和 9.3.3 小节。

核算分析与总结的目的是改进预算编制过程和核算过程，因此与结算无关，结算是在项目结束后的总体核算，因此 B 是不正确的。

参考答案

（53）B

试题（54）

_____（54）_____ 不属于 IT 服务外包的特点。

（54）A．提升效率 　　　　　　　　B．降低风险

　　　C．专注于主营业务 　　　　　D．管理复杂

试题（54）分析

参考《系统规划与管理师教程》9.4 节。

IT 服务外包给企业带来的收益表现为：（1）成本效益；（2）效率提升；（3）降低风险；（4）专注于主营业务；（5）管理简单；（6）提升满意度。

参考答案

（54）D

试题（55）

关于 IT 服务质量评价模型的描述，不正确的是_____（55）_____。

（55）A．IT 服务质量的评价来自于 IT 服务供方、需方和第三方的需要

　　　B．《信息技术服务质量评价指标体系》给出了用于评价信息技术服务质量的模型

　　　C．模型定义了服务质量的安全性、可靠性、无形性、响应性、友好性特性

　　　D．评价步骤为确定需求、指标选型、实施评价以及评价结果

试题（55）分析

参考《系统规划与管理师教程》8.2.2 小节中的图 8.1。

模型定义了服务质量的安全性、可靠性、有形性、响应性和友好性特性。

参考答案

（55）C

试题（56）

A 公司的运维团队建立了支撑关键业务的预防机制、预警机制、反应机制、控制机制和恢复机制，还未实施。应用 IT 服务评价指标进行计算，其关键业务应急就绪度至少为_____（56）_____。

　　（56）A．0.2 　　　　B．0.4 　　　　C．0.6 　　　　D．0.8

试题（56）分析

参考《系统规划与管理师教程》8.2.2 小节中的表 8.5。

就绪度 X=A/5，A 取值为 1，2，3，4，5。支持业务的关键业务应急就绪度主要考虑应急机制的完备程度，建立了策略与制度，还未实施时，A=3，因此 X=A/5=0.6。

参考答案

（56）C

试题（57）

IT 运维服务质量改进中最常用的步骤是 __(57)__ 。

(57) A．策划-实施-检查-改进　　　　B．实施-检查-改进-策划

　　　C．检查-策划-改进-实施　　　　D．检查-策划-实施-改进

试题（57）分析

参考《系统规划与管理师教程》3.6.2 小节。

策划（P）-实施、(D)-检查、(C)-处理、(A) 简称 PDCA，是质量管理常见的方法。此题目做了一些变形。

参考答案

(57) A

试题（58）

关于风险识别的描述，不正确的是 __(58)__ 。

(58) A．风险识别是指识别可能会对服务产生影响的风险，是一个不断重复的过程

　　　B．内部因素造成的服务风险能够控制、规避或转移

　　　C．外部因素造成的服务风险只能规避或转移

　　　D．该阶段界定风险可能带来的后果主要依靠定量分析

试题（58）分析

参考《系统规划与管理师教程》8.3.2 小节。

在风险识别阶段界定风险可能带来的后果主要依靠定性分析。

参考答案

(58) D

试题（59）

按优先级或等级排列的风险清单属于 __(59)__ 。

(59) A．风险定性分析的输出　　　　B．风险定性分析的输入

　　　C．风险定量分析的输出　　　　D．风险识别的输出

试题（59）分析

参考《系统规划与管理师教程》8.3.3 小节。

风险定性分析的输出包括：按优先级或相对等级排列的风险、按种类的风险分组、要近期做出响应的风险列表、需要进一步分析和应对的风险列表、低优先级风险的监视表、风险定性分析结果中反应的"趋势"。

参考答案

(59) A

试题（60）

系统规划与管理师在今年 2 月进行风险审核，重点关注运维工程师笔记本电脑的使用情况，对新发现的 U 盘滥用风险编制了处置计划。该活动采用的风险跟踪方法是 __(60)__ 。

(60) A．差异与趋势分析　　　　　　B．风险审计
　　　C．技术指标分析　　　　　　　D．风险评估

试题（60）分析

参考《系统规划与管理师教程》8.3.6 小节。

风险审计指：系统规划与管理师定期进行风险审核，在关键处进行事件跟踪和主要风险因素跟踪，对没有预计到的更新制订新的处置计划。

参考答案

（60）B

试题（61）

IT 服务团队的工作具有__（61）__的特征，注重流程化与规范性。

（61) A．周期性和复杂性　　　　　　B．临时性和重复性
　　　C．临时性和复杂性　　　　　　D．周期性和重复性

试题（61）分析

参考《系统规划与管理师教程》10.1 节。

IT 服务团队的工作具有周期性和重复性的特征，注重流程化与规范性。

参考答案

（61）D

试题（62）

在__（62）__，需要让员工在团队中建立起信任感。

（62) A．组建期　　B．风暴期　　C．规范期　　D．表现期

试题（62）分析

参考《系统规划与管理师教程》10.2 节。

信任的建立是一门艺术：接受、尊敬和信任，建立信任感不仅对顺利度过风暴期有帮助，也会对规范期和表现期产生深远影响。

参考答案

（62）B

试题（63）

马斯洛需求理论中，公司政策、工作环境属于__（63）__层。

（63) A．生理需要　　B．安全需要　　C．尊重需要　　D．自我实现

试题（63）分析

参考《系统规划与管理师教程》10.3.2 小节中的图 10.3。

马斯洛需求层次理论将人的需要分为 5 个层次：生理的需要、安全的需要、感情的需求、尊重的需要和自我实现的需要。其中公司政策环境等属于第 2 层——安全的需要。

参考答案

（63）B

试题（64）

国际标准是指由"国际标准化组织（ISO）、国际电工委员会（IEC）和　(64)　以及 ISO 确认并公布的其他组织"制定的标准。

(64) A．国际电信联盟（ITU）
　　　B．世界卫生组织（WHO）
　　　C．国际电报电话咨询委员会（CCITT）
　　　D．联合国教科文组织（UNESCO）

试题（64）分析

参考《系统规划与管理师教程》11.1.2 小节。

国际标准是指由"国际标准化组织（ISO）、国际电工委员会（IEC）和国际电信联盟（ITU）以及 ISO 确认并公布的其他组织"制定的标准。

参考答案

(64) A

试题（65）

FDS 稿的国家标准处于　(65)　。

(65) A．立项阶段　　B．批准阶段　　C．征求意见阶段　　D．出版阶段

试题（65）分析

参考《系统规划与管理师教程》11.1.3 小节。

国家标准制定阶段中包括：立项阶段（NP）、征求意见阶段（CD）、出版阶段（GB、GB/T、GB/Z）、批准阶段（FDS）。

参考答案

(65) B

试题（66）

ITIL 的 2011 年版本中涉及的 4 个职能包括　(66)　。
①服务台　②事件管理　③应用管理　④技术管理　⑤能力管理　⑥运营管理

(66) A．①③⑤⑥　　B．①③④⑥　　C．②③④⑤　　D．①②⑤⑥

试题（66）分析

参考《系统规划与管理师教程》11.2.6 小节。

ITIL 涉及 4 个职能：服务台、运营管理、应用管理和技术管理。

参考答案

(66) B

试题（67）

2015 年，我国以　(67)　的方式发布了 ISO/IEC 20000 的国家推荐标准《GB/T 24405.1 信息技术服务管理第一部分：规范》。

(67) A．修改采用　　B．部分采用　　C．完全采用　　D．等同采用

试题（67）分析

参考《系统规划与管理师教程》11.2.1 小节。

我国目前已经以等同采用方式正式发布了 2 项 ISO/IEC 20000 标准，包括《GB/T 24405.1 信息技术服务管理第一部分：规范》《GB/T 24405.2 信息技术服务管理第二部分：实践导则》。

参考答案

（67）D

试题（68）

在 ITSS 的 IT 服务生命周期模型中，__（68）__ 阶段是根据 IT 服务部署情况，采用过程方法，全面管理基础设施、服务流程、人员和业务连续性。

（68）A．持续改进　　　B．部署实施　　　C．服务运营　　　D．服务转换

试题（68）分析

参考《系统规划与管理师教程》11.3.1 小节。

服务运营阶段是根据 IT 服务部署情况，采用过程方法，全面管理基础设施、服务流程、人员和业务连续性，实现业务运营与 IT 服务运营的全面融合。

参考答案

（68）C

试题（69）

关于 ITSS 运维服务能力成熟度模型的描述，不正确的是__（69）__。

（69）A．该模型针对 IT 服务的能力管理、人员、过程、资源和技术等进行了规范和引导

　　　B．该模型定义了基本级、拓展级、改进（协同）级和提升（量化）级四个逐步进化的等级

　　　C．基本级以《ISO/IEC 20000-1：2011 信息技术服务管理第 1 部分：要求》为基础提出成熟度要求

　　　D．该模型在实践中为运维服务组织持续深化服务能力建设，提供了路线图和方法论

试题（69）分析

参考《系统规划与管理师教程》11.3.11 小节。

基本级和拓展级以《GB/T 28827.1—2012 信息技术服务运行维护第 1 部分：通用要求》为基础提出成熟度要求。

参考答案

（69）C

试题（70）

依据《GB/T 2887—2011 计算机场地通用要求规范》的要求，A 级机房夏季开机时机房温度控制范围应为__（70）__。

（70）A．（20±1）℃　　　　　　　　　　B．（20±2）℃

　　　C．（24±1）℃　　　　　　　　　　D．（24±2）℃

试题（70）分析

参考《GB/T 2887—2011 计算机场地通用要求规范》5.6.1.3。

依据《GB/T 2887—2011 计算机场地通用要求规范》的要求，A 级机房夏季开机时机房温度控制范围应为：24±1℃。

参考答案

（70）C

试题（71）

The main content of __(71)__ is to understand the business sector's present and future, understand the business sector's policies, define goals and priorities.

（71）A．business analysis　　　　　　B．assessment of the current system
　　　C．identifying opportunities　　　D．selection plan

试题（71）分析

参考《系统规划与管理师教程》1.4.3 小节。

（1）业务分析，其主要内容是理解业务部门的现在与未来，理解业务部门的政策，定义目标和优先权。

（2）评估现行系统，主要检查当前的信息技术系统和信息技术体系结构，重点是评估信息系统支持部门的程度，信息系统计划是否适合业务部门，信息系统供应的效能与效率，指出信息系统能够提供的潜在的业务机会。

（3）识别机会，重点是定义通过信息系统改进业务的机会，消除那些不能够带来投资回报或对业务目标贡献较小的信息系统。

（4）选择方案，主要任务是寻找和确定内在一直的机会和方案。

参考答案

（71）A

试题（72）

__(72)__ does not belong to the output of planning and design activities.

（72）A．Service Level Agreement　　　　B．Operational Level Agreement
　　　C．Underpinning Contract　　　　　D．Management Contract

试题（72）分析

参考《系统规划与管理师教程》4.2.1 小节中的图 4.1。

规划设计活动最终形成服务级别协议、运营级别协议和支持合同。

参考答案

（72）D

试题（73）

Formulation and exercise of emergency response plan is carried out in __(73)__ phase.

（73）A．planning and design　　　　　B．deployment and implementation

C. operation management　　　　D. continuous improvement

试题（73）分析

参考《系统规划与管理师教程》5.2.3 小节。

技术要素的部署实施包括：（1）知识转移；（2）应急响应预案的制订与演练；（3）SOP 标准操作规程；（4）技术手册发布；（5）搭建测试环境。

参考答案

（73）B

试题（74）

　　(74)　 is a form of knowledge which comes from experiences and skills.

（74）A. Explicit knowledge　　　　B. Common knowledge

　　　　C. Implicit knowledge　　　　D. Personality knowledge

试题（74）分析

参考《系统规划与管理师教程》6.3.2 小节。

隐性知识很难转化为显性知识。显性知识可以理解为书面化的文档，隐性知识一般是个人头脑中的经验和体会。

参考答案

（74）C

试题（75）

The first step in the continuous improvement is to 　(75)　.

（75）A. identify improvement strategies

　　　　B. collect data

　　　　C. identify of measurement target

　　　　D. process data

试题（75）分析

参考《系统规划与管理师教程》7.1 节中的图 7.1。

持续改进方法：（1）识别改进战略；（2）识别需要测量什么；（3）收集数据；（4）处理数据；（5）分析信息和数据；（6）展示并使用信息；（7）实施改进。

参考答案

（75）A

第8章 2019上半年系统规划与管理师下午试题I分析与解答

试题一（共 24 分）

阅读下列说明，回答问题 1 至问题 4，将解答填入答题纸的对应栏内。

【说明】

某大型国有汽车公司，由于自主研发的节能电动车性价比高，业务发展迅速。为解决全国多个分支机构的管理问题，去年信息化建设投入大，完成了ERP等重点核心业务系统的建设。

为尽快向各部门提供标准高效的服务，公司IT服务总监与小王和小李两位系统规划与管理师共同设计了公司的服务目录与服务方案，并计划今年部署实施。

为确保公司高层支持部署工作，总监安排小王和小李分别准备相关汇报材料。

小王负责部署实施的整体计划，通过整理相关材料，把部署实施工作分为三个阶段和四个要素，针对不同要素罗列了已知可能的工作内容，如下表：

要素	已知可能的工作活动
人员	外部招聘和内部调岗、(1)
资源	知识库内容初始化、工具部署使用手册与相关制度、(2)、(3)
技术	知识转移、技术手册发布、搭建测试环境、(4)、(5)
过程	过程与制度发布、过程电子化管理和数据初始化、(6)

小李主要针对高层关注的两项内容做详细汇报：一是四要素中的应急响应演练部分，需要给出详尽的工作内容；二是确保部署实施过程中与干系人达成共识，确保项目目标达成。

【问题1】（6 分）

基于以上案例，除了小王列出的已知可能的工作活动外，请补充每个要素还需要做的其他工作（从候选答案中选择正确选项，将该选项填入答题纸对应栏内）。

    A．SOP 标准操作规范

    B．建立培训教材库及知识转移方法

    C．体系试运行

    D．备件库建立与可用性测试

    E．应急响应预案的制订与演练

    F．服务台管理制度的初始化

【问题2】（3 分）

基于以上案例，请按顺序明确小王部署实施工作的三个阶段。

【问题3】（7 分）

基于以上案例，请帮助小李明确应急响应演练的主要工作内容。

第 8 章 2019 上半年系统规划与管理师下午试题 I 分析与解答

【问题 4】（8 分）

基于以上案例，小李需要在部署实施过程中与干系人达成共识的内容包括（从候选答案中选择四个正确选项，将该选项编号填入答题纸对应栏内，每个 2 分，多于四个答案不得分）：

    A．开展项目的原因和目标

    B．项目的范围

    C．人员培训管理计划

    D．公司战略目标

    E．项目初步实现所要求的条件

    F．公司的组织结构图

    G．项目的交付物及其约束条件

    H．持续改进相关的方法

试题一分析

本题重点考查 IT 服务部署实施要素与 IT 服务部署实施方法，考生需全面多视角来综合分析并作答。

【问题 1】

针对案例选择题，重点从如下几个方面进行考查。（参考《系统规划与管理师教程》[①]5.2 节）

1．考生需从系统规划与管理师的角度思考，如何做好 IT 服务部署实施？

2．考生需明确人员、资源、技术、过程四要素的部署实施过程中的工作内容。

【问题 2】

概念问答题，考生需明确 IT 服务部署实施的具体步骤。（参考《系统规划与管理师教程》5.3 节）

【问题 3】

概念问答题，考核考生对应急响应演练的掌握程度。（参考《系统规划与管理师教程》5.2.3 小节）

【问题 4】

细节选择题，考核 IT 服务部署实施执行阶段中，系统规划与管理师应与项目干系人达成的共识。（参考《系统规划与管理师教程》5.3.2 小节）

参考答案

【问题 1】

（1）B

（2）D/F

（3）D/F（2、3 的顺序可以互换）

---

① 本章提及的《系统规划与管理师教程》（ISBN 9787302476160）是全国计算机技术与软件专业技术资格（水平）考试指定用书，由清华大学出版社出版。

（4）A/E

（5）A/E（4、5 的顺序可以互换）

（6）C

（每个 1 分，共 6 分）

【问题 2】

（1）计划阶段

（2）执行阶段

（3）验收阶段

（每个 1 分，共 3 分）

【问题 3】

演练启动

演练执行

演练结束与终止

应急演练评估与总结

成果运用

文件归档与备案

考核与奖惩

（每个 1 分，共 7 分）

【问题 4】

A

B

E

G

试题二（共 25 分）

阅读下列说明，回答并计算问题 1 至问题 4，将解答填入答题纸的对应栏内。

【说明】

A 公司是一家提供电力行业 IT 服务的快速发展型企业，分管运维业务的运维部李经理新上任一周，据他观察目前运维团队士气及工作积极性较差、运维部频频接到用户投诉及市场部抱怨。李经理决定从人员、资源、技术和过程四要素管控数据着手，找出目前运维团队管理上的关注点。下表是李经理收集的近三个月数据：

要素	数据
人员	关键岗位储备人员 5 人，关键岗位人员共 15 人
	人员绩效考核合格数量为 24 人，被考核人员数量 26 人
	培训次数 6
技术	截止目前研发成果数量为 2 个

续表

要素	数据
资源	检查备件完好数量为 58 个，抽检备件总数为 60
	新增知识条目 32 条
	服务台不完整录入事件数为 20 个，总事件数为 465 个
过程	SLA 达成事件之和 413 个，总事件数为 465 个
	及时提交服务报告数量 20 个，服务报告总数量 25 个
	成功解决事件数量 402 个，已关闭事件总数 430 个
	回退变更数 6 个，变更总数 36 个
	回退发布 1 个，发布总数 12 个
	信息安全事件次数为 0

李经理按照运维部原有运营管理关键指标体系，编制运营管理关键指标体系完成情况跟踪表，如下表所示：

要素	考核指标	指标要求	考核周期	指标达成情况
人员	关键岗位人员储备率	90%	季度	（1）
	人员培训次数	6	季度	6
	人员绩效考核合格率	90%	季度	（2）
技术	研发成果数量	2	季度	2
资源	备件可用率	96%	季度	（3）
	新增知识条目	60	季度	32
	服务台录入事件的完整性	95%	季度	（4）
过程	SLA 达成率	98%	季度	（5）
	服务报告交付及时率	95%	季度	（6）
	事件解决率	96%	季度	93.49%
	变更成功率	95%	季度	（7）
	发布成功率	90%	季度	91.67%
	信息安全事件数量	0	季度	0

【问题 1】（7 分）

基于李经理所收集的人员、资源、技术、过程四要素近三个月数据，请计算并帮助李经理补充运营管理关键指标体系跟踪表（精确到小数位后 2 位）。

【问题 2】（6 分）

结合上述运营管理关键指标：请指出李经理在运营管理中应该重视人员、资源、技术、过程四要素中的哪些管理？

【问题3】（8分）

请阐述人员要素管理可能面临的风险，并指出每一风险的控制措施。

【问题4】（4分）

请阐述知识管理的流程。

试题二分析

本题重点考查 IT 服务运营管理中四要素的管理以及常见运营管理关键考核指标，考生需全面多视角来综合分析并作答。

【问题1】

针对案例填空题，重点从如下几个方面进行考查。（参考《系统规划与管理师教程》6.6 节）

1. 考生需了解 IT 服务运营管理中四要素的管控；
2. 考生需了解常见运营管理关键考查指标的计算公式与方法。

【问题2】

针对案例问答题，考生需明确 IT 服务运营管理过程中各要素的管理要点。（参考《系统规划与管理师教程》6.2～6.5 节）

【问题3】

概念问答题，考查 IT 服务运营管理过程中，人员要素管理可能遇到的风险以及控制措施。（参考《系统规划与管理师教程》6.2 节）

【问题4】

概念问答题，考查 IT 服务运营管理过程中，知识管理的流程。（参考《系统规划与管理师教程》6.3.2 小节）

参考答案

【问题1】

（1）关键岗位人员储备率=（关键岗位储备人员的数量/关键岗位人员数量）×100%= 5/15×100%=33.33%；

（2）人员绩效考核合格率=（人员绩效考核合格数量/被考核人员总数）×100%=24/26×100%=92.31%；

（3）备件可用率=（定期检查备件完好数量/定期抽检备件总数）×100%=58/60= 96.67%；

（4）服务台录入事件的完整性=1−（不完整事件数/总事件数）×100%=1−20/465×100%=95.70%；

（5）SLA 达成率=（SLA 达成事件之和/事件总数）×100%= 413/465 =88.82%；

（6）服务报告交付及时率=服务报告按时提交的数量/服务报告总数量×100%= 20/25×100%=80%；

（7）变更成功率= 1−（回退变更/变更总数）×100%=1−6/36×100%=83.33%。

（每个 1 分，共 7 分）

【问题 2】

要素	考核项目	指标要求	考核周期	跟踪情况
人员	关键岗位人员储备率	90%	季度	33.33%
人员	人员培训次数	6	季度	6
人员	人员绩效考核合格率	90%	季度	92.31%
技术	研发成果数量	2	季度	2
资源	备件可用率	96%	季度	96.67%
资源	新增知识条目	60	季度	32
资源	服务台录入事件的完整性	95%	季度	95.7%
过程	SLA 达成率	98%	季度	88.82%
过程	服务报告交付及时率	95%	季度	80%
过程	事件解决率	96%	季度	93.49%
过程	变更成功率	95%	季度	83.33%
过程	发布成功率	90%	季度	91.67%
过程	信息安全事件数量	0	季度	0

（1）需重视人员管理要素的人员储备与连续性管理；

（2）需重视资源管理要素的知识管理；

（3）需重视过程管理要素的服务级别管理；

（4）需重视过程管理要素的服务报告管理；

（5）需重视过程管理要素的事件管理；

（6）需重视过程管理要素的变更管理。

（每条 1 分，满分 6 分）

【问题 3】

（1）沟通问题（1 分）。控制措施：建立良好的沟通协作机制，进行服务意识及沟通能力培训（1 分）。

（2）人员连续性问题（1 分）。控制措施：实行有效的人员连续性管理措施（1 分）。

（3）负面情绪（1 分）。控制措施：引导积极向上的团队文化，举行团队活动等其他方式进行团队建设（1 分）。

（4）考核指标不明确（1 分）。控制措施：按照 SMART 原则定义人员绩效指标（1 分）。

（每条 2 分，共 8 分）

【问题 4】

（1）知识提取和获取

（2）知识共享

（3）知识的保留、归档和入库

（4）知识评审

试题三（共 26 分）

阅读下列说明，回答问题 1 至问题 4，将解答填入答题纸的对应栏内。

【说明】

A 公司是国内某大型煤炭集团的下属全资子公司，负责集团的信息化规划、建设和系统维护工作。A 公司自成立以来一直专注于信息化建设，ERP 等核心系统均由 A 公司自行组织开发。2017 年陆续开始有一些简单日常办公类系统进入维护阶段，2018 年承接了集团核心机房基础设施（包括服务器、操作系统、中间件、网络设备及链路）的日常运维服务，2019 年核心 ERP 系统将从试运行转入维保阶段。系统维护部门刚刚成立，共有 8 人，大部分是从软件开发部转来的技术人员。

近来，集团客户对 A 公司有很多抱怨，包含：IT 运维系统不支持网页版报障，只能打电话，800 电话经常占线；网络设备故障恢复很慢；因备件质量问题导致客户设备不可用、投诉无门等问题。

集团信息化办公室是 A 公司的对接部门，为了使信息技术更有效的支持集团业务发展，要求 A 公司针对 SLA 给出 2019 年系统运行维护改进方案。

【问题 1】（9 分）

基于以上案例，请指出 A 公司在人员、资源、技术、过程方面的问题。

【问题 2】（8 分）

基于以上案例，请提出资源方面需开展的持续改进方法。

【问题 3】（4 分）

简述持续改进方法的实施步骤。

【问题 4】（5 分）

请判断以下有关持续改进的描述是否正确（填写在答题纸的对应栏内，正确的选项填写"√"，不正确的选项填写"×"）：

（1）改进活动贯穿于 IT 服务的全生命周期，且是持续性的，但仍存在明显的起止时间。（　）

（2）持续改进活动应在不影响客户满意度的情况下改进 IT 服务提供的成本效益。（　）

（3）服务过程测量活动是分层次的，对单一服务项目，可以只覆盖服务执行层面。（　）

（4）全面严谨的服务回顾模板和会议纪要模板可以保证服务回顾的有效性及后续工作可行性。（　）

（5）服务四要素改进主要由系统规划与管理师和服务质量人员负责。（　）

试题三分析

本题重点考查 IT 服务持续改进的相关知识点，考生需全面多视角来综合分析并作答。

【问题 1】

针对案例问答题，重点从如下几个方面进行考查。（参考《系统规划与管理师教程》7.2 节）

1. 考生需从系统规划与管理师的角度思考，如何做好 IT 服务持续改进工作？
2. 考生需明确如何通过服务测量获得各种数据，进而作为服务改进的基准和依据。
3. 考生需明确四要素的服务测量活动与关键测量指标。

【问题 2】
案例问答题，考生基于案例列出 IT 服务持续改进过程中资源方面需开展的持续改进方法。（参考《系统规划与管理师教程》7.4.2 小节）

【问题 3】
概念问答题，考查考生对 IT 服务持续改进实施步骤的掌握程度。（参考《系统规划与管理师教程》7.1 节）

【问题 4】
概念判断题，考查 IT 服务持续改进的基本概念。（参考《系统规划与管理师教程》7.1～7.4 节）

参考答案

【问题 1】
人员方面：
（1）人员岗位结构不合理，人员岗位与业务需求不匹配；
（2）人员储备不足；
（3）人员管理机制不健全。
资源方面：
（1）运维管理工具不满足业务需求；
（2）服务台管理制度不健全；
（3）备件库管理制度不完善；
（4）知识库管理不健全。
过程方面：
（1）网络设备故障恢复很慢，相关事件管理流程不完善；
（2）故障恢复过程慢及备件不可用等，没有相关的量化考核指标；
（3）服务目录不明确，没有明确服务恢复时间等量化指标。
技术方面：
故障解决相关的操作手册不完善。
（每条 1 分，满分 9 分）

【问题 2】
（1）完善 IT 服务运维管理工具，增加 Web 报修页面等客户需要的功能。
（2）明确服务台人员、流程、职责、KPI 等，提高客户满意度。
（3）建立备件库管理制度，保证备件数量和质量。
（4）改进知识库管理制度，增加解决网络故障等问题的操作手册。

(5) 保障资源对业务的支撑作用。

（每个 2 分，满分 8 分）

【问题 3】

(1) 识别改进战略/策略。

(2) 识别需要测量什么。

(3) 收集数据。

(4) 处理数据。

(5) 分析信息和数据。

(6) 展示并使用信息。

(7) 实施改进。

（每条 1 分，满分 4 分）

【问题 4】

(1) ×，参考《系统规划与管理师教程》7.1 节，改进活动应没有明显的起止时间。

(2) √，参考《系统规划与管理师教程》7.1 节。

(3) ×，参考《系统规划与管理师教程》7.2.2 小节，对单一服务项目，至少覆盖服务管控和服务执行两个层面。

(4) √，参考《系统规划与管理师教程》7.3.3 小节，避免重要的服务回顾内容部分缺失，应采用全面严谨的服务回顾模板和会议纪要模板。

(5) √，参考《系统规划与管理师教程》7.4.2 小节。

第9章 2019上半年系统规划与管理师下午试题 II 写作要点

> 从下列的 2 道试题（试题一至试题二）中任选 1 道解答。请在答题纸上的指定位置将所选择试题的题号框涂黑。若多涂或者未涂题号框，则对题号最小的一道试题进行评分。

试题一 论 IT 服务持续改进

IT 服务持续改进主要的目标是使得 IT 服务可以一直适应不断变化的业务需求，通过识别改正机会并实施改进活动，使得 IT 服务有效支持相关的业务活动。

请以"IT 服务持续改进"为题，分别从以下三个方面进行论述：

1. 概要叙述你参与过的或者你所在组织开展过的 IT 服务项目的基本情况（背景、目的、组织结构、周期、服务对象、服务方式、服务内容、交付成果等），并说明你在其中承担的工作。

2. 结合项目实际，论述你对 IT 服务持续改进的认识，可以包括但不限于以下几个方面。
（1）IT 服务持续改进方法。
（2）针对人员、资源、技术和过程，常用的测量指标。

3. 请结合论文中所提到的 IT 服务，介绍你是如何进行 IT 服务持续改进的，包括具体做法和经验教训。

写作要点：

第一部分评分要点：

论文结构合理，摘要正确，正文完整，语言流畅，字迹清楚。

所述项目真实可信，介绍得当。

第二部分评分要点：

论述的要点要覆盖题目要求的三个方面，但又不局限于该三方面。

1. IT 服务改进的方法：
（1）识别改进战略/策略，在服务生命周期开始，规划设计需要识别业务需求和运营目标，确定服务改进的愿景。
（2）识别需要测量什么，判断服务改进的可能性有多少，现有技术手段可以测量到何种数据。
（3）收集数据，从部署实施开始，根据既定目标和目的来收集资料，获得最原始的数据和资料。在收集过程中适当进行监控。

（4）处理数据，把从各种来源所获得的数据进行仔细对比，对数据完成合理的处理后就可以着手分析了。

（5）分析信息和数据，分析原始数据之间的上下文关系和联系，将数据转变为信息。

（6）展示并使用信息，要用最有利于目标用户的方式来展示信息，并帮助其做出决策。

（7）实施改进，运用获得的知识对服务进行优化、提高和改进，由管理者做出关于服务改进的决策。

考生需了解 IT 服务持续改进的方法，并将之运用到实际项目中去。

2. 人员、资源、技术和过程，常用的测量指标。

（1）人员测量指标：识别备份工程师对项目的满足度与可用性、测量人员招聘需求匹配率、手机培训的应用情况、人员能力测量、服务工作量测量、岗位职责更新情况、实时监控团队工作状态。

（2）资源测量指标：IT 服务运维工具、服务台、备件库、知识库。

（3）技术测量指标：识别研发规划、识别研发成果、技术手册及 SOP 统计、应急预案实时统计、监控点和阈值统计。

（4）过程测量指标：服务管控测量、服务执行测量。

3. 结合论文中描述的项目情况以及 IT 服务持续改进的基本过程，介绍该项目中遇到的一些问题，并说明是如何解决的。

第三部分评分要点：

根据考生描述的信息系统项目，对如何进行持续改进其所承担的信息系统项目的阐述以及总结的心得体会，确定其叙述的项目持续改进及其评论是否合适，是否具有信息系统服务持续改进的经验。陈述问题得当、真实，分析方式正确，评论合适。

试题二　论 IT 服务团队建设管理

IT 服务团队的整体绩效取决于系统规划与管理师采用何种办法来管理团队。不同的企业在 IT 服务团队管理时有着不同的特性。

请以"IT 服务团队建设管理"为题，分别从以下三个方面进行论述：

1. 概要叙述你参与过的或者你所在组织开展过的 IT 服务项目的基本情况（背景、目的、组织结构、周期、服务对象、服务方式、服务内容、交付成果等），并说明你在其中承担的工作。

2. 结合项目管理实际情况并围绕以下要点论述你对 IT 服务团队建设管理的认识。

（1）IT 服务团队的特征。

（2）如何对 IT 服务团队进行建设与管理。

3. 请结合论文中所提到的 IT 服务项目，介绍你是如何进行团队建设管理的（可叙述具体做法），并总结你的心得体会。

写作要点：

第一部分评分要点：

论文结构合理，摘要正确，正文完整，语言流畅，字迹清楚。

所述项目真实可信，介绍得当。

第二部分评分要点：

论述的要点要覆盖题目要求的三个方面，但又不局限于该三方面。

1. IT 服务团队特征：

（1）人员的岗位结构，分为管理岗、技术岗、操作岗，且团队成员相对固定。

（2）需要较高的服务意识。

（3）为了提高服务的质量，会使用专用工具，如 IT 服务管理工具、监控工具等。

（4）工作具有周期性和重复性的特征，注重流程化和规范化。

（5）注重知识的积累和转移，以便发现问题及解决问题。

2. IT 服务团队的建设与管理。

（1）IT 服务团队的建设周期分为：组建期、风暴期、规范期、表现期。

（2）IT 服务团队的管理：目标管理、激励管理、执行管理和人员管理。

考生要熟悉 IT 服务团队各个建设周期的特点、关键指标与实现目标，并且能在 IT 服务团队的管理过程中，从四个方面对团队进行有效的管理。

3. 结合论文中描述的项目情况以及 IT 服务团队建设与管理的基本过程，介绍该项目中遇到的一些问题与冲突，并说明是如何解决的。

第三部分评分要点：

IT 服务项目团队建设与管理内容：

（1）根据考生描述的信息系统项目，对其所承担的项目如何进行项目团队建设与管理的阐述以及总结的心得体会，确定其叙述的项目团队建设与管理工作是否合适。

（2）针对制订项目团队管理工作的阐述，确定其叙述的项目团队管理措施是否合理与有效。

（3）针对其项目团队建设过程中遇到的冲突的处理是否合理与恰当。

第10章 2020下半年系统规划与管理师上午试题分析与解答

试题（1）

信息传输模型包含信源、编码、信道、解码、信宿和噪声。加密设备对应于模型中的__(1)__。

(1) A．信源　　　　B．信宿　　　　C．编码　　　　D．信道

试题（1）分析

本题主要考查对传输模型的熟悉程度。

从信息安全的角度出发，编码器还可以包括加密设备，加密设备利用密码学的知识，对编码信息进行加密再编码，所以选 C。

参考答案

(1) C

试题（2）

关于两化融合的描述，不正确的是：__(2)__。

(2) A．两化融合是信息化与工业化发展战略的融合
　　 B．两化融合是信息资源与材料、能源等工业资源的融合
　　 C．两化融合是虚拟经济与工业实体经济的融合
　　 D．两化融合是信息技术与新型服务业的融合

试题（2）分析

本题主要考查对两化融合的了解程度。

工业化与信息化"两化融合"的含义：一是指信息化与工业化发展战略的融合；二是指信息资源与材料、能源等工业资源的融合；三是指虚拟经济与工业实体经济的融合；四是指信息技术与工业技术、IT设备与工业装备的融合，产生新的科技成果，形成新的生产力。故 A、B、C 选项均正确，选项 D 并非"两化融合"的含义。

参考答案

(2) D

试题（3）

系统验收属于信息系统生命周期中__(3)__阶段的工作。

(3) A．运维　　　　B．开发　　　　C．消亡　　　　D．立项

试题（3）分析

本题考查信息系统生命周期各阶段主要工作活动。

在开发阶段不仅包括系统分析、系统设计、系统实施，还包括系统验收等工作，所以选 B。

参考答案

（3）B

试题（4）

关于信息系统总体规划内容的描述，不正确的是：__(4)__ 。

（4）A．业务架构的建立以信息化规划的需求调研、现状分析为基础

　　　B．数据架构分析数据资源现状，系统梳理关键要素，对数据进行总体设计

　　　C．治理架构对信息化管理体系管理机制、运作流程等进行分析梳理

　　　D．技术架构以治理架构为依据，对应用体系的结构和相互关系进行说明

试题（4）分析

本题考查信息系统总体规划内容。

其中业务架构以信息化规划的需求调研、现状分析为基础，采取从上至下的方式，建立本企业业务架构，故 A 选项正确。数据架构通过分析数据资源现状，系统地梳理关键数据要素，并对数据存储、加工、数据集成交换、数据资源开发利用等进行总体设计，故 B 选项正确。治理架构通过对信息化管理体系的组织机构、权责设置、管理机制、运作流程进行梳理分析，编制 IT 治理架构，故 C 选项正确。技术架构通过对信息技术现状的分析，对基础设施、应用集成、信息安全等架构进行总体设计，需充分考虑技术现状及技术架构设计，而非以治理架构为依据。

参考答案

（4）D

试题（5）

IT 战略规划中，信息技术行动计划不包括__(5)__ 。

（5）A．战略要点制定　　　　　　B．项目描述和投资分析

　　　C．信息化核心能力发展计划　　D．信息化项目进程

试题（5）分析

本题考查 IT 战略中的信息技术行动计划。

它包括信息化项目进程、项目描述和投资分析、信息化核心能力发展计划，故选 A。

参考答案

（5）A

试题（6）

IT 战略规划的核心组成要素包括现状分析、战略分析、__(6)__ 和路径分析。

（6）A．业务分析　　　　　　　　B．差距分析

　　　C．评估分析　　　　　　　　D．系统分析

试题（6）分析

本题考查 IT 战略规划的核心组成要素。

现状分析、路径分析、战略分析和差距分析是 IT 战略规划的核心组成要素，所以选 B。

参考答案

（6）B

试题（7）

软件过程管理涉及技术过程和管理过程，通常包括项目启动与范围定义、__(7)__、项目实施、项目监控与评审、项目收尾与关闭。

（7）A．项目规划　　　B．项目开发　　　C．项目测试　　　D．项目交付

试题（7）分析

本题考查软件过程管理活动。

通常包括项目启动与范围定义、项目规划、项目实施、项目监控与评审、项目收尾与关闭，所以选 A。

参考答案

（7）A

试题（8）

对象包含 3 个基本要素：对象标识、对象状态和__(8)__。

（8）A．对象行为　　　B．对象信息　　　C．对象特征　　　D．对象分类

试题（8）分析

对象包含 3 个基本要素，分别是对象标识、对象状态和对象行为。例如，对于姓名（标识）为 Joe 的教师而言，其包含性别、年龄、职位等个人状态信息，同时还具有授课等行为特征，Joe 就是封装后的一个典型对象。

参考答案

（8）A

试题（9）

JavaEE 应用服务器运行环境不包含__(9)__。

（9）A．组件　　　　　B．模型　　　　　C．容器　　　　　D．服务

试题（9）分析

JavaEE 应用服务器运行环境主要包括组件（Component）、容器（Container）及服务（Services）JavaEE 应用服务器运行环境不包括 B 选项"模型"，故选 B。

参考答案

（9）B

试题（10）

MPEG 协议属于开放系统互联参考模型（OSI）的__(10)__。

（10）A．网络层　　　B．传输层　　　C．应用层　　　D．表示层

试题（10）分析

表示层管理数据的解密加密、数据转换、格式化和文本压缩。常见协议有 JPEG、GIF、DES、MPEG 等。所以 MPEG 协议属于表示层，选 D。

参考答案

（10）D

试题（11）

_（11）_ 不属于典型的网络链路传输控制技术。

（11）A．ATM B．DAS C．ISDN D．FDDI

试题（11）分析

本题考查典型的网络链路传输控制技术。

包括总线争用技术、令牌技术、FDDI 技术、ATM 技术、帧中继技术和 ISDN 技术。DAS 属于网络存储技术，所以选 B。

参考答案

（11）B

试题（12）

_（12）_ 应用于大数据的数据采集阶段。

（12）A．MapReduce B．HDFS C．ETL D．HBase

试题（12）分析

MapReduce 属于分析挖掘技术，HDFS 属于分布式文件系统，HBase 属于开源数据库。在数据采集阶段主要使用的技术是数据抽取工具 ETL。

参考答案

（12）C

试题（13）

_（13）_ 不属于云计算的特点。

（13）A．按需服务 B．通用性 C．费用高 D．高可扩展性

试题（13）分析

本题考查云计算的特点。

包括超大规模、虚拟化、高可靠性、通用性、高可扩展性、按需服务、极其廉价等。费用高并非云计算的特点，故选 C。

参考答案

（13）C

试题（14）

在物联网的三层架构中，_（14）_ 负责信息采集和物物之间的信息传输。

（14）A．感知层 B．网络层 C．传输层 D．应用层

试题（14）分析

本题考查物联网架构中各层级的作用。

其中感知层负责信息采集和物物之间的信息传输，所以选 A。

参考答案

（14）A

试题（15）

___(15)___ 不属于 IT 服务。

（15）A．数据存储服务　　　　　　B．呼叫中心服务
　　　 C．ERP 实施服务　　　　　　D．财务咨询服务

试题（15）分析

常见的 IT 服务形态有信息技术咨询服务、设计与开发服务、信息系统集成实施服务、运行维护服务、数据处理和存储服务、运营服务、数据内容服务、呼叫中心服务和其他信息技术服务。D 选项财务咨询服务不属于 IT 服务。

参考答案

（15）D

试题（16）

关于运维、运营相关概念的描述，不正确的是：___(16)___。

（16）A．运维是对信息系统基础环境、硬件、软件等提供的技术支持和管理服务
　　　 B．运维强调以经营为中心，是一个价值增值的过程
　　　 C．运维服务范围包含单个 IT 基础设施、整体基础设施和业务应用的服务
　　　 D．运营把投入的资源按照特定要求转换为产出

试题（16）分析

本题考查运维、运营的相关概念。

运营强调以经营为中心，是把投入的资源（生产要素）按照特定要求转换为产出的过程，故 B 选项不正确。

参考答案

（16）B

试题（17）

关于 IT 治理的描述，不正确的是：___(17)___。

（17）A．IT 治理是企业经营者的责任，投资者不应干涉
　　　 B．IT 治理强调信息化目标与企业战略目标保持一致
　　　 C．IT 治理平衡成本和收益，增强企业核心竞争力
　　　 D．IT 治理通过构建 IT 治理架构和机制，最大化提升企业价值

试题（17）分析

IT 治理强调信息化目标与企业战略目标保持一致，IT 利用其自身特点，为企业战略规划提供技术或控制方面的支持，以保证信息化建设能够真正落实和贯彻组织业务战略和目标。IT 治理是企业利益相关者和经营者共同的责任，故 A 不正确。

参考答案

（17）A

试题（18）

关于IT服务管理（ITSM）的描述，不正确的是：__（18）__。

（18）A．帮助组织对IT系统的规划、研发、实施和运营进行有效管理

　　　B．提供低成本、高质量的IT服务

　　　C．包含"梳理"和"打包"两次转换

　　　D．是以资源为中心的IT管理

试题（18）分析

ITSM是一种IT管理，与传统的IT管理不同，它是一种以服务为中心的IT管理，而非"以资源为中心的IT管理"，故D不正确。

参考答案

（18）D

试题（19）

__（19）__不属于单项目管理的管理内容。

（19）A．风险管理　　　　　　　　　B．采购管理

　　　C．战略管理　　　　　　　　　D．范围管理

试题（19）分析

本题主要考查对单项目管理内容的熟悉程度。

包括项目范围管理、项目时间管理、项目成本管理、项目质量管理、人力资源管理、项目沟通管理、项目风险管理、项目采购管理和项目集成管理。战略管理不属于单项目管理内容，故选C。

参考答案

（19）C

试题（20）

下图属于__（20）__管理框架。

（20）A．单客户项目群　　　　　　　B．复合项目群

　　　C．多客户项目群　　　　　　　D．多业务项目群

试题（20）分析

复合项目群是指单类项目群和多类项目群的组合，往往区分大客户和中小客户。大客户以客户目标管理，每个客户下有多个业务；中小客户以业务目标管理，每个业务下面有多个客户。图中二层为大客户、多类项目；三层对大客户开展不同类型的业务，是典型的复合项目群，故选 B。

参考答案

（20）B

试题（21）

关于零缺陷管理原理的描述，不正确的是：__(21)__ 。

(21) A. 质量应定义成符合要求，而不是好或优秀

B. 以不合格付出的代价来衡量质量，而不是用不合格的百分比来衡量质量

C. 工作标准应该是零缺陷，而不是差不多就行

D. 质量保证体系的原则是对不合格进行评估，而不是预防不合格

试题（21）分析

克劳斯比的质量改进过程是以下列 4 项质量管理原理为基础的：

（1）质量应定义成符合要求，而不是好或优秀；

（2）质量保证体系的原则是预防不合格，而不是对不合格进行评估；

（3）工作标准应该是零缺陷，而不是差不多就行；

（4）以不合格付出的代价来衡量质量，而不是用不合格的百分比来衡量质量。

所以 D 选项不正确。

参考答案

（21）D

试题（22）

作为信息安全的属性之一，__(22)__ 指信息不被泄露给非授权的个人和实体，或供其使用的特性。

(22) A. 完整性　　　　　　　　　B. 可用性

C. 保密性　　　　　　　　　D. 可靠性

试题（22）分析

信息安全的基本属性包括 5 个方面：保密性、完整性、可用性、可控性和可靠性。其中保密性指信息不被泄露给非授权的个人和实体，或供其使用的特性，故选 C。

参考答案

（22）C

试题（23）

当信息系统受到破坏后，会对社会秩序和公共利益造成严重损害，或者对国家安全造成损害。此信息系统安全保护等级应为__(23)__。

(23) A. 二级　　　　B. 三级　　　　C. 四级　　　　D. 五级

试题（23）分析

第三级，信息系统受到破坏后，会对社会秩序和公共利益造成严重损害，或者对国家安全造成损害。

参考答案

(23) B

试题（24）

规划设计活动流程图中，空缺位置内容应为：＿＿(24)＿＿。

(24) A. ①服务目录②服务级别设计③运营级别协议
　　　B. ①服务合同②服务目标设计③运营级别协议
　　　C. ①服务目录②服务目标设计③运营合同
　　　D. ①服务合同②服务级别设计③运营合同

试题（24）分析

本题主要考查对规划设计活动的熟悉程度。

其中服务合同、服务目标设计、运营合同均为干扰项。

参考答案

(24) A

试题（25）

IT 服务目录主要有业务服务目录和＿＿(25)＿＿两种。

(25) A. 外包服务目录　　　　B. 内部服务目录
　　　C. 支持服务目录　　　　D. 技术服务目录

试题（25）分析

本题主要考查对服务目录分类的熟悉程度。

服务目录主要有两种，即业务服务目录和技术服务目录，所以选 D 项，而 A、B、C 都为干扰项，没有约定俗成的类似叫法。

参考答案

（25）D

试题（26）

__（26）__ 不属于服务目录设计的活动。

（26）A．服务方案设计　　　　　　B．列举服务清单

　　　　C．评审并发布服务目录　　　D．服务分类与编码

试题（26）分析

本题主要考查对服务目录设计活动的熟悉程度。

服务目录设计活动包括确定小组成员、列举服务清单、服务分类与编码、服务项详细描述、评审并发布服务目录、完善服务目录。A 选项"服务方案设计"不属于服务目录设计的活动。

参考答案

（26）A

试题（27）

__（27）__ 是组织与外部服务供应商之间签订的有关服务实施的正式合同。

（27）A．运营级别协议　　　　　　B．集成实施合同

　　　　C．支持合同　　　　　　　　D．保密协议

试题（27）分析

运营级别协议是与某个内部 IT 部门就某项 IT 服务所签订的后台协议，故 A 选项错误。支持合同是指组织与外部服务供应商之间签订的有关服务实施的正式合同，C 为正确选项。题干中服务实施合同并非单指集成实施类业务，故 B 选项错误。D 选项保密协议并非服务实施合同。

参考答案

（27）C

试题（28）

某设备近期的运行状况如下表，则该设备的平均修复时间为 __（28）__ 小时。

正常运行	故障1修复	正常运行	故障2修复	正常运行	故障3修复
120 小时	3 小时	90 小时	6 小时	150 小时	3 小时

（28）A．3　　　　B．4　　　　C．120　　　　D．124

试题（28）分析

本题主要考查对可用性三个指标内容的熟悉程度。

MTTR=故障耗时/故障次数=（3+6+3）/3=4。

参考答案

（28）B

试题（29）

某企业自身IT能力强，全国各分支机构都有IT人员配置，但缺乏有效的工具和专家支持。则服务提供方针对该企业的IT服务不宜采用__（29）__服务方式。

(29) A. 常驻现场　　　　　　　　B. 上门技术支持
　　　C. 集中监控　　　　　　　　D. 远程支持

试题（29）分析

本题主要考查对IT服务模式的熟悉程度。

B项是指远程技术支持不能成功而必须现场服务时，提供上门的技术支持；C项是指通过特定的监控平台，对客户信息系统实施监控，发生任何异常及时介入处理；D项是指通过电话、远程登录，在客户配合下进行IT服务请求的处理和系统故障的排除； A项是指派人常驻客户现场和某 IT 人员一起工作，随时响应客户服务请求，但由于题目中强调客户的能力强，而且现场有IT人员，所以不宜采用A项的服务方式。

参考答案

（29）A

试题（30）

"运维人员应积极响应售前需求，为本季度的售前项目签约提供技术支持"，该考核指标不满足SMART原则的"__（30）__"特性。

(30) A. 明确的　　　B. 可实现的　　　C. 可衡量的　　　D. 时限性

试题（30）分析

本题主要考查对绩效考核指标设定SMART原则的熟悉程度。

SMART原则最显著的特点就是无可量化指标及无明确的计算方法，所以答案为C。

参考答案

（30）C

试题（31）

在组建服务团队时，应参照储备计划和__（31）__，评估人员的知识、__（31）__、经验三方面的要求。

(31) A. 岗位说明书，技能　　　　　B. 职级评定制度，技能
　　　C. 职级评定制度，管理　　　　D. 岗位说明书，管理

试题（31）分析

本题主要考查对人员要素部署的熟悉程度。

系统规划与管理师协助HR采用外部招聘和内部调岗的方式来组建服务团队，在此过程中，系统规划与管理师需参照储备计划，根据岗位说明书中对人员的知识、技能、经验三方面的要求分别进行判断，故选A。

参考答案

（31）A

试题（32）

关于"工具部署、使用手册与相关制度"的描述，不正确的是：____（32）____。

（32）A．工具部署前做好工具的测试，以测试结果作为重要的部署决策依据

　　　B．规划好工具上线后的试运行阶段，包括试运行的周期、目标和结束标准

　　　C．为提高服务效率，应尽量采取集中部署，全部上线的方式

　　　D．与工具相关的知识应从开发团队有效转移给 IT 服务团队

试题（32）分析

本题主要考查对资源要素部署实施中工具部署内容的熟悉程度。

具体包括：（1）工具部署前做好工具的测试，以测试结果作为重要的部署决策依据；（2）规划好工具上线后的试运行阶段，包括试运行的周期、试运行的目标和结束标准；（3）依据风险级别与影响度范围，决策工具部署上线是否采用阶段式部署；（4）与工具相关的知识应从开发团队或工具厂商处有效转移给工具的 IT 服务团队。C 选项为"采取集中部署"，与第（3）条不符，所以 C 项不正确。

参考答案

（32）C

试题（33）

关于标准操作规范（SOP）的描述，不正确的是：____（33）____。

（33）A．SOP 对某一程序中的关键控制点进行细化，无需量化

　　　B．为实现高效使用，应采用分级管理的方法对 SOP 进行存档

　　　C．SOP 用来指导和规范服务人员日常工作

　　　D．可以根据业务及技术发展需要，实现 SOP 快速迭代

试题（33）分析

本题主要考查对 SOP 标准操作规范的熟悉程度。

SOP 是将某一事件的标准操作步骤和要求以统一的格式描述出来，用来指导和规范日常工作。SOP 是对某一程序中的关键控制点进行细化和量化，故 A 选项不正确。

参考答案

（33）A

试题（34）

在体系试运行效果检查时，____（34）____不作为监控各过程执行情况的依据。

（34）A．服务工具使用效果　　　　　　B．管理目标达成情况

　　　C．客户满意度　　　　　　　　　D．人员基础信息

试题（34）分析

本题主要考查对过程要素部署实施后体系试运行效果检查的熟悉程度。

体系试运行效果检查主要对管理目标达成情况、客户满意度、服务工具使用效果进行检查，故选 D。

参考答案

（34）D

试题（35）

IT 服务部署实施计划不仅有责任人，还有专人负责全程监控、及时预警，并设有专人对交付物的质量进行验收。这说明计划具有 __（35）__。

（35）A．可复制性　　　B．可控制性　　　C．可支持性　　　D．可追溯性

试题（35）分析

本题主要考查对 IT 服务部署实施计划本身的可用性的熟悉程度。

可控制性是指各项计划不仅有责任人，还有专人负责全程监控、及时预警，并设有专人对交付物的质量进行验收。有责任人及全程监控强调其可控制性，A、C、D 为干扰项，答案为 B。

参考答案

（35）B

试题（36）

对于软件、硬件的变更通常要遵守 __（36）__，尽量避开正常业务时间和业务高峰阶段，以免影响业务的正常运转。

（36）A．紧急变更机制　　　　　　B．变更窗口机制
　　　C．标准变更机制　　　　　　D．变更审核机制

试题（36）分析

本题主要考查对 IT 服务的部署实施执行的熟悉程度。

对于软件、硬件的变更通常要遵守变更窗口机制，尽量避开正常业务时间和业务高峰阶段，以免影响业务的正常运转。因题干提到避开业务时间和业务高峰，说明对变更时间有一定要求，A、C、D 均不恰当，故 B 为正确项。

参考答案

（36）B

试题（37）

针对 IT 服务的部署实施进行验收，相关指标不包含：__（37）__。

（37）A．客户的满意度　　　　　　B．客户对服务质量的直接感知
　　　C．产生新的项目机会　　　　D．服务级别协议的完成情况

试题（37）分析

本题主要考查对 IT 服务部署实施验收的熟悉程度。

对 IT 服务的部署实施进行验收的关键因素包括客户的满意度、客户对服务质量的直接感知、服务级别协议的完成情况。产生新的项目机会不能作为验收的参考指标，故选 C。

参考答案

（37）C

试题（38）

某公司对两个运维团队的绩效考核结果发现：电信团队不知道如何开展运维服务，现有技术资料不足；金融团队的考核指标过于严格，大部分人员无法达到预设指标。针对两团队绩效管理的改进建议为：__(38)__。

(38) A．电信团队改变绩效方案，金融团队加强培训
B．电信团队加强惩罚机制，金融团队加强嘉奖机制
C．电信团队加强嘉奖机制，金融团队加强惩罚机制
D．电信团队加强相关培训，金融团队改变绩效方案

试题（38）分析

本题主要考查对人员绩效管理的熟悉程度。

题干描述比较清晰，电信团队是因为知识结构较老，不知道如何开展业务；而金融团队有经验，但绩效考核设置不合理。因此应该一个加强培训，一个改变考核目标。B项和C项有一定迷惑性，但当前是原则问题，最佳选项为D。

参考答案

（38）D

试题（39）

小张作为运维专家参与公司2019年知识库的评审，对其中一条"关于电话拨号上网访问网站缓慢的相关故障处理经验"提出了更新或删除的建议。他依据的评审原则是__(39)__。

(39) A．完整性　　　　B．时效性　　　　C．正确性　　　　D．保密性

试题（39）分析

本题主要考查对知识评审相关内容的熟悉程度。

知识评审主要依据时效性、完整性和正确性。题干中的知识主要问题应该是时效性，十几年前的电话拨号网络技术目前应该已经没有意义了，所以选择B。

参考答案

（39）B

试题（40）

技术成果的运行和改进活动，不包含__(40)__。

(40) A．对技术研发进行规划与预算　　B．对技术成果进行培训和知识转移
C．对技术成果的内容进行演练和推演　D．对技术成果进行优化改进

试题（40）分析

本题主要考查对技术成果的运行与改进活动的熟悉程度。

包括对技术成果进行培训与知识转移、对技术成果的内容进行演练或推演、对技术成果进行优化改进。A选项的活动不属于技术成果的运行和改进活动。

参考答案

(40) A

试题（41）

在 IT 服务运营管理中，安全管理的关键指标，不包括__(41)__。

(41) A．保密性　　　　B．完整性　　　　C．可用性　　　　D．可扩展性

试题（41）分析

本题主要考查对安全管理内容的熟悉程度。

安全管理关键指标就是保密性、可用性、完整性。可扩展性是错误的指标，故选 D。

参考答案

(41) D

试题（42）

关于容量管理的描述，不正确的是：__(42)__。

(42) A．需满足当前的容量性能需求，不需要考虑未来的需求

　　　B．需满足服务升级时间、阈值和成本

　　　C．必须产生、维护一个能力计划

　　　D．需考虑外部变更对容量可能产生的影响

试题（42）分析

本题主要考查对容量管理内容的熟悉程度。

B、C、D 均为容量管理应充分执行的事项，A 项需要将未来需求也考虑在内，所以描述不完整，答案为 A。

参考答案

(42) A

试题（43）

关于连续性和可用性管理的描述，不正确的是：__(43)__。

(43) A．当业务环境发生重大变更时，可用性和连续性计划必须被重新测试

　　　B．变更管理流程必须评估变更对可用性和连续性计划的影响

　　　C．连续性计划不包括对正常工作的恢复

　　　D．连续性计划必须被测试并记录

试题（43）分析

本题主要考查对可用性、连续性内容的熟悉程度。

A、B、D 均为连续性和可用性管理应充分执行的事项，连续性计划必须包括对正常工作的恢复，所以 C 项不正确。

参考答案

(43) C

试题（44）

下表中属于过程考核指标的是：____（44）____。

考核序号	考核项目	建议考核周期
①	备件可用率	半年
②	服务报告交付及时率	季度
③	变更成功率	季度
④	研发成果数量	年度
⑤	信息安全事件数量	季度

（44）A．①③⑤　　　　B．②③⑤　　　　C．①④⑤　　　　D．②③④

试题（44）分析

本题主要考查对常见运营管理关键考核指标内容的熟悉程度。

其中①为资源指标，④是质量指标，②③⑤都为过程指标，所以正确答案为 B。

参考答案

（44）B

试题（45）

针对 IT 服务运维工具进行测量时，测量活动不包括：____（45）____。

（45）A．测量工具的功能与服务管理过程是否有效匹配

　　　B．周期性识别相关工具的使用手册是否有效并进行相关验证

　　　C．监视 IT 服务运维工具的健康状态，如可用性、软/硬件历史故障等

　　　D．测量运维人员对工具的使用熟练情况

试题（45）分析

本题主要考查对服务资源测量的熟悉程度。

针对服务过程中使用的监控工具、过程管理工具和专用工具进行测量时，测量活动包括：测量工具的功能与服务管理过程是否有效匹配；周期性识别相关工具的使用手册是否有效并进行相关验证；监视 IT 服务运维工具的健康状态，如可用性、软/硬件历史故障等。D 项尽管表面上和工具有关，但属于人员相关能力的测量，所以答案为 D。

参考答案

（45）D

试题（46）

服务改进需要进行生命周期管理，主要活动包括服务改进设计、____（46）____、服务改进验证。涉及____（46）____、技术、资源、____（46）____等方面。

（46）A．服务改进策划，人员，质量　　　B．服务改进实施，质量，过程
　　　C．服务改进实施，人员，过程　　　D．服务改进策划，人员，安全

试题（46）分析

本题主要考查对服务改进活动内容的熟悉程度。

服务改进需要进行生命周期管理，主要活动包括服务改进设计、服务改进实施、服务改进验证。涉及服务管理人员、技术、资源和过程等方面，故选 C。

参考答案

（46）C

试题（47）

___(47)___ 不属于服务过程测量的内容。

（47）A．变更与发布统计分析　　　　B．配置统计分析

　　　 C．问题统计分析　　　　　　　D．知识更新率

试题（47）分析

服务执行测量活动包括事件统计分析、问题统计分析、变更与发布统计分析、配置统计分析。D 选项属于服务资源测量活动。

参考答案

（47）D

试题（48）

___(48)___ 属于与客户回顾的内容。

①服务合同执行情况　　　　　②服务目标达成情况

③工程师 KPI 总结　　　　　　④服务绩效

（48）A．①②③　　　B．①②④　　　C．②③④　　　D．①③④

试题（48）分析

本题考查与客户回顾的内容。

具体包括：服务合同执行情况；服务目标达成情况；服务绩效、成果；满意度调查；服务范围、工作量；客户业务需求变化、服务中存在的问题及行动计划；上一次会议中制订的行动计划的进展汇报。③工程师 KPI 总结为团队内部回顾的内容，③为错误项，①②④均为与客户回顾的内容，所以选 B。

参考答案

（48）B

试题（49）

关于服务回顾的描述，正确的是：___(49)___。

（49）A．服务回顾工作可与服务质量评审会一起进行

　　　 B．服务回顾关注内容可分为与客户回顾内容和团队外部回顾内容

　　　 C．服务回顾二级为每周例会，向客户汇报当周服务情况

　　　 D．服务回顾四级针对重大事件，不定期按需沟通

试题（49）分析

服务回顾工作可与服务质量评审会一起举行，选项 A 正确；服务回顾的主要活动根据服务需方与供方不同的关注内容可分为与客户回顾内容及团队内部回顾内容，故选项 B 不正确；服务回顾二级为项目每月例会，向客户汇报当月服务情况，包括服务量、SLA 达成率、重大事件等内容，二级服务回顾的频率是每月，故选项 C 不正确；服务回顾四级每年度回顾项目的整体实施交付情况，故选项 D 不正确。

参考答案

（49）A

试题（50）

针对供应商关系可能造成的风险，应采取的控制措施不包括：___（50）___。

（50）A．争取供应商高层支持与配合
　　　B．与分包商明确知识产权及相关信息安全要求
　　　C．挖掘分包商需求，必要时签订补充协议
　　　D．对供应商限定分包内容，并约定审核条款

试题（50）分析

A 选项为供应商关系风险控制中供应商不配合的风险控制措施。B、D 选项为供应商关系风险控制中多级分包风险控制措施。选项 C 为干扰项，非该风险控制措施，故选 C。

参考答案

（50）C

试题（51）

在 IT 服务营销能力展示阶段中，持续沟通活动不包含___（51）___。

（51）A．沟通信息整理　　　　　　　B．沟通论证
　　　C．沟通信息的汇报　　　　　　D．制订持续沟通计划

试题（51）分析

IT 服务营销持续沟通活动包括：制订持续沟通计划、保持持续沟通、沟通信息整理、沟通信息的汇报。选项 B 沟通论证为 IT 服务营销调研交流阶段活动。

参考答案

（51）B

试题（52）

某公司本年度各运维项目投入产出情况如下表所示，按照投入产出比可以看出___（52）___。

运维项目	投入/万元	收入/万元
甲	450	1200
乙	200	380
丙	560	1400
丁	120	180

①经济效益最小的是丁项目　　　　　②丙项目比乙项目经济效益高

③丙项目经济效益最高　　　　　　　④甲项目比乙项目经济效益高

(52) A. ①②③　　　B. ①②④　　　C. ②③④　　　D. ①③④

试题(52)分析

项目投入产出比公式为 R=K/IN=1：N。其中 K 为项目投入总额，IN 为项目收入总额，N 值越大，经济效益越好。

甲项目投入产出比为 450/1200=1：2.67。

乙项目投入产出比为 200/380=1：1.9。

丙项目投入产出比为 560/1400=1：2.5。

丁项目投入产出比为 120/180=1：1.5。

经济效益从高至低排序为甲、丙、乙、丁，故选 B 项。

参考答案

(52) B

试题(53)

上一年度某运维项目的项目投资回报率为 35%，项目投资总额为 120 万元，投入人员数量为 6 人。本年度计划项目投资总额增至 140 万元，单位人均产出与上一年度保持一致，若投资回报率达 60%，不考虑人员成本的情况下，则至少需增加___(53)___人。

(53) A. 12　　　B. 9　　　C. 6　　　D. 3

试题(53)分析

项目投资回报率=项目利润/项目投资总额×100%，单位人均产出=净利润总额/人员数量。

上一年度项目利润为 120×35%=42 万元。

上一年度单位人均产出为 42/6=7 万元。

本年度计划项目利润达 140×60%=84 万元。

本年度计划投入人数为 84/7=12 人。

参考答案

(53) C

试题(54)

关于 IT 服务外包收益的描述，不正确的是：___(54)___。

(54) A. 可以直接获取专业风险应对能力

　　　B. 可将主要精力投入到主营业务

　　　C. 可以帮助 IT 服务部门建立和完善机制

　　　D. 可以保证信息安全，避免敏感信息泄露

试题(54)分析

本题考查 IT 服务外包收益表现。

其中 A、B、C 选项为 IT 服务外包收益，D 项信息泄露为 IT 服务外包的一个风险，故选 D。

参考答案

（54）D

试题（55）

"主动性"及"灵活性"是服务质量特性"__（55）__"的子特性。

（55）A．友好性　　　　B．响应性　　　　C．可靠性　　　　D．安全性

试题（55）分析

本题考查信息技术服务质量评价模型。

其中"主动性""灵活性""礼貌性"为服务质量特性"友好性"的子特性，故 A 选项正确。

参考答案

（55）A

试题（56）

下列团队人员的专业性最高的是：__（56）__。

（56）A．服务工程师总数为 20 人，其中取得相应专业资格认证的数量为 18 人、信息技术服务相关专业本科以上学历工程师为 16 人

　　　B．服务工程师总数为 15 人，其中取得相应专业资格认证的数量为 12 人、信息技术服务相关专业本科以上学历工程师为 15 人

　　　C．服务工程师总数为 30 人，其中取得相应专业资格认证的数量为 20 人、信息技术服务相关专业本科以上学历工程师为 20 人

　　　D．服务工程师总数为 40 人，其中取得相应专业资格认证的数量为 32 人、信息技术服务相关专业本科以上学历工程师为 35 人

试题（56）分析

本题考查专业性评价指标及测量。

人员的专业性测量公式为 $X=X_1\times 70\%+X_2\times 30\%$，X 越接近 1 越好。

$X_1=A/B$，A=取得的相应专业资格认证的服务工程师数量，B=服务工程师的总数。

$X_2=C/B$，C=取得信息技术服务相关专业本科及以上的服务工程师数量。

A 选项：$X=18/20\times 70\%+16/20\times 30\%=0.87$。

B 选项：$X=12/15\times 70\%+15/15\times 30\%=0.86$。

C 选项：$X=20/30\times 70\%+20/30\times 30\%=0.67$。

D 选项：$X=32/40\times 70\%+35/40\times 30\%=0.82$。

选项 A 为 0.87，最接近 1，所以应选 A 项。

参考答案

（56）A

试题（57）

运维服务质量策划的内容不包括：___（57）___。

(57) A．确定运维服务质量管理的活动

B．确定运维服务质量管理相关的职责和权限

C．确定质量改进方向及改进目标

D．确定运维服务质量目标

试题（57）分析

本题考查运维服务质量策划活动。

包括确定服务质量目标、确定运维服务质量管理的活动、确定运维服务质量管理相关的职责和权限等。C 选项为运维质量改进活动，不属于策划范围，故选 C。

参考答案

(57) C

试题（58）

德尔菲法可用于风险识别，其主要特性为___（58）___。

(58) A．从历史数据推断　　　　　B．面对面交流

C．因果分析　　　　　　　　D．专家主观意见

试题（58）分析

本题考查风险识别方法中的德尔菲法。

该方法为使用问卷征求重要风险方面的意见，将意见结果反馈给每位专家，重复此过程几个回合，即可在主要的风险上达成一致意见。由此可以看出，其主要特性为专家主观意见，故选 D。

参考答案

(58) D

试题（59）

"按优先级或相对等级排列的风险"属于___（59）___的输出。

(59) A．风险定量分析　　　　　　B．风险处置计划

C．风险监控　　　　　　　　D．风险定性分析

试题（59）分析

本题考查风险定性分析的输出。

包括按优先级或相对等级排列的风险、按种类的风险分组、要近期作出响应的风险列表、需要进一步分析和应对的风险列表、低优先级风险的监视表等。故选 D 项。

参考答案

(59) D

试题（60）

风险监控的方法不包含___（60）___。

(60) A. 风险评估　　　　B. SWOT 分析　　　C. 风险审计　　　D. 预留管理

试题（60）分析

本题考查风险监控方法。

包括风险评估、风险审计和定期风险评审、差异和趋势分析、技术的绩效评估、预留管理。SWOT 分析为风险分析的方法，故选 B。

参考答案

（60）B

试题（61）

IT 服务团队人员的岗位结构分为　（61）　。

(61) A. 管理岗、技术岗、操作岗　　　B. 业务岗、管理岗、技术岗
　　　C. 决策岗、业务岗、操作岗　　　D. 决策岗、业务岗、技术岗

试题（61）分析

本题考查 IT 服务团队的特征。

其中 IT 服务团队人员的岗位结构，分为管理岗、技术岗和操作岗，且团队成员相对固定。

参考答案

（61）A

试题（62）

人员沟通在"风暴期"中显得尤为重要，经常会面临"小团体"现象。关于小团体的描述，正确的是：　（62）　。

(62) A. 只要是"小团体"，就肯定是不好的
　　　B. "小团体"的凝聚力往往非常强，执行力较弱
　　　C. 若"小团体"的方向与整体团队不一致，可调整其工作或岗位分配
　　　D. 即使"小团体"的方向与整体团队一致，也需要打散他们

试题（62）分析

本题考查"风暴期"的人员沟通活动，当面临"小团体"问题时该如何处理。

系统规划与管理师首先要切忌一个思维定式，即"只要是小团体，就肯定是不好的"，其实未必如此，仔细分析，"小团体"的凝聚力往往非常强，执行力也非常强，如果这个团队能在正确的方向上贡献他们的聪明才智，这时不但没必要去打散他们，甚至可以对其中做得比较好的员工给予一些鼓励，请他介绍自己的成功经验。

如果"小团体"的方向与整个项目团队方向不一致，考虑是否在工作分配或岗位分配上做些调整，故 C 项正确。

参考答案

（62）C

试题（63）

在目标监控过程中，要确保他们的工作热情，发生偏差后要给予他们相应的指导，帮助

并引导他们完成目标,而非命令或直接告诉他们该如何做。该方式适用于管理__(63)__。

(63) A. 工作技能较低、工作意愿较低的员工
B. 工作技能较低、工作意愿较高的员工
C. 工作技能较高、工作意愿较低的员工
D. 工作技能较高、工作意愿较高的员工

试题(63)分析

面对工作技能较低、工作意愿也较低的员工。这类员工的代表类型是态度一般的新员工。在目标监控过程中,首先确保他们正确理解所要达成的目标是什么,然后发现偏差及时纠正,严把质量关。A 选项错误。

面对工作技能较低、工作意愿较高的员工。在目标监控过程中,要确保他们的工作热情,发生偏差后要给予他们相应的指导,帮助并引导他们完成目标,而非命令或直接告诉他们该如何做。故 B 选项正确。

面对工作技能较高、工作意愿较低的员工。在目标监控过程中,发现偏差时,首先不要认为是他们不会做,而是应该更多地考虑他们为什么会产生偏差,从他们的主观意愿出发,通过与他们的非正式沟通,关心他们的家人以及工作之外的需要,给他们更多的尊重。C 选项错误。

面对工作技能较高、工作意愿也较高的员工。在目标监控过程中,要放手让他们去解决目标偏差,给予他们更多的信任与授权,而非事事都自己解决,D 选项错误。

参考答案

(63) B

试题(64)

按照适用范围,标准可分为国际标准、国家标准、__(64)__、地方标准和企业标准。

(64) A. 符号标准   B. 产品标准   C. 术语标准   D. 行业标准

试题(64)分析

按照标准适用范围划分,可将标准分为:国际标准、国家标准、行业标准、地方标准和企业标准等,故选 D。

参考答案

(64) D

试题(65)

国家标准制定的复审阶段是对实施周期达__(65)__年的标准进行复审。

(65) A. 5   B. 4   C. 3   D. 2

试题(65)分析

本题考查国家标准制定阶段和流程。

复审阶段是对实施周期达 5 年的标准进行复审,故选 A。

参考答案

(65) A

试题（66）

ITIL 2011 涉及的流程不包含 __(66)__ 。

(66) A．需求管理　　　B．战略制定　　　C．服务验证与测试　　　D．审计管理

试题（66）分析

本题考查 ITIL 2011 版本的 25 个流程。

ITIL 2021 包括事件管理、事故管理、请求实施、问题管理、资产与配置管理、变更管理、发布与部署管理、服务级别管理、连续性管理、可用性管理、能力管理、IT 服务财务管理、信息安全管理、服务报告、业务关系管理、供应商管理、知识管理、服务目录管理、战略制定、需求管理、服务组合管理、评估、服务验证与测试、转换规划与支持、访问管理。不包含审计管理，故选 D。

参考答案

(66) D

试题（67）

ISO/IEC 20000 系列标准着重于通过信息技术服务 __(67)__ 来管理信息技术问题，识别问题的内在联系，然后依据服务级别协议进行计划、管理和监控，并强调与客户的沟通。

(67) A．高效化　　　B．标准化　　　C．可视化　　　D．安全化

试题（67）分析

本题考查 ISO/IEC 20000 系列标准特点。

ISO/IEC 20000 系列标准着重于通过信息技术服务标准化来管理信息技术问题，识别问题的内在联系，然后依据服务级别协议进行计划、管理和监控，并强调与客户的沟通，故选 B。

参考答案

(67) B

试题（68）

__(68)__ 旨在阐述信息技术服务的业务分类和服务原理、服务质量评价方法、服务人员能力要求、服务定额规范等。

(68) A．服务管控标准　　　　　　　　B．服务业务标准
　　　C．服务基础标准　　　　　　　　D．服务外包标准

试题（68）分析

信息技术服务标准（ITSS）体系的提出主要从产业发展、服务管控、业务形态、实现方式、服务安全、内容特征和行业应用等 7 个方面考虑，分为服务基础标准、服务管控标准、服务业务标准、服务外包标准、服务安全标准、服务对象特征和行业应用标准。其中服务基础标准旨在阐述信息技术服务的业务分类和服务原理、服务质量评价方法、服务人员能力要求、服务定额规范等，故选 C。

参考答案

(68) C

试题（69）

___(69)___ 标准提出了运行维护服务能力模型。

(69) A. 《信息技术服务 运行维护 第 1 部分：通用要求》
　　 B. 《信息技术服务 运行维护 第 2 部分：交付规范》
　　 C. 《信息技术服务 运行维护 第 3 部分：应急响应规范》
　　 D. 《信息技术服务 运行维护 第 4 部分：数据中心服务要求》

试题（69）分析

《信息技术服务 运行维护 第 1 部分：通用要求》为运行维护服务组织提供了一个运行维护服务能力模型，规定了运行维护服务组织在人员、资源、技术和过程方面应具备的条件和能力，故选 A。

参考答案

(69) A

试题（70）

我国法律规范分为法律、行政法规、地方性法规、自治条例和单行条例。合同法属于 ___(70)___ 。

(70) A. 自治条例　　B. 地方性法规　　C. 行政法规　　D. 法律

试题（70）分析

合同法是《中华人民共和国合同法》的简称。合同法是一部规范合同的订立、效力、履行、变更和转让、权利义务终止、违约责任的法律。故选 D。

参考答案

(70) D

试题（71）

The main steps of IT strategic planning do not include ___(71)___ .

(71) A. identify opportunities　　　　B. business analysis
　　 C. causal analysis　　　　　　　D. evaluate the current system

试题（71）分析

IT 战略规划的主要步骤包括业务分析、评估现行系统、识别机会、选择方案。C 项为原因分析，故选 C。

参考答案

(71) C

试题（72）

The Service Design stage of the lifecycle starts with ___(72)___ and ends with the development of a service solution designed to meet the documented needs of the business.

(72) A. the service activities　　　　B. the business requirements
　　 C. the business environment　　D. the improvement activities

试题（72）分析

规划设计从服务业务需求出发，终点为设计出符合业务需求和成果的服务方案。

参考答案

（72）B

试题（73）

___（73）___ is pre-authorized by Change Management that has an accepted and established procedure to provide a specific change requirement.

（73）A．Emergency Change　　　　B．Significant Change
　　　 C．Standard Change　　　　　D．Regular Change

试题（73）分析

标准变更指风险小的变更，并且执行这些变更的步骤和方法已经很成熟，该变更事先已经得到审批，具备已被接受和已确立的流程来满足特定的变更需求。

参考答案

（73）C

试题（74）

The ___（74）___ is the primary point of contact for users when there is a service disruption, for Service Requests, or even for some categories of Request for Change.

（74）A．Quality Management Center　　B．Monitor Console
　　　 C．Development Center　　　　　D．Service Desk

试题（74）分析

当服务中断、服务请求甚至某些类别的变更请求时，服务台是整个 IT 部门与用户的联络点，记录并管理所有事件。

参考答案

（74）D

试题（75）

The service measurement metrics do not include ___（75）___.

（75）A．function metrics　　　　　B．technology metrics
　　　 C．frocess metrics　　　　　D．service metrics

试题（75）分析

服务测量指标的类型可分为技术指标、过程指标和服务指标三种。功能指标不属于服务测量指标，所以答案选 A。

参考答案

（75）A

第 11 章 2020 下半年系统规划与管理师下午试题 I 分析与解答

试题一（共 25 分）

阅读下列案例内容，回答并计算问题 1 至问题 4，将解答填入答题纸的对应栏内。

【说明】

A 公司新接到一个 IDC 运营商 B 的服务需求，服务对象包括数十台的网络设备和存储设备，以及一个机房的空调和柴发装置。但 A 公司的服务能力主要在 IT 设备领域，基础设施服务没有积累。该运营商未来业务扩展空间可观，公司要求相关部门全力以赴，争取项目签约。

负责该项目的服务经理，根据经验准备了如下服务级别协议。

运维服务级别协议（初稿）

一、本协议经过甲方：IDC 运营商 B 乙方：A 公司友好协商达成

二、本协议涉及乙方向甲方提供和支持的服务（甲方机房的相关设备的维护支持服务）

三、本协议自 2019 年 12 月 1 日起到 2020 年 11 月 31 日止，有效期为 1 年

四、服务描述：服务包括（针对甲方 23 台网络设备和 15 台存储设备的热线支持、远程支持、现场支持和备件服务。确保服务期间设备稳定运行，满足业务支持需求）

五、服务时间：24×7×365 小时

六、服务可用性：可用性不低于 99.9%

七、服务可靠性：全年服务中断时间不超过 90 分钟

八、服务支持：

    a）客户支持：服务台热线 XXXX，专属工程师 XXX

    b）响应级别：电话 5 分钟响应，现场 2 小时到达，故障 4 小时解决

九、投诉渠道：如有投诉请直接与项目支持的工程师或项目经理联系

十、责任和义务：服务各阶段双方各自应承担的责任包括（此处省略若干），各自责任限制（如甲过错导致损失不应乙方承担责任）、可免除责任（如不可抗力）、应履行义务等

十一、补偿：若服务目标未达到，乙方将支付或返还的经济赔偿（此处省略若干）

十二、服务报告：服务报告内应呈报的内容、报送时间、报送频率、报送范围和分发方式等（此处省略若干）

十三、审查：对 SLA 和相关服务目标进行审查、审查频率、修改方法和时间，可能涉及时间、对象、容量等（此处省略若干）

十四、保密条款：定义保密信息、非保密信息、议定双方保密义务、保密条款的有效期限等（此处省略若干）

十五、备注：其他需要说明的信息（此处省略若干）

十六、本协议每年将进行审查，如需变更应遵循变更管理流程

十七、签署人：

  a）甲方姓名：日期：年月日

  b）乙方姓名：日期：年月日

【问题 1】（12 分）

服务经理提供的协议初稿中，存在哪些问题？

【问题 2】（2 分）

针对该项目需求与背景信息，如果 A 公司向客户承诺提供全面满意的服务，服务经理应该采取什么措施？（请选择正确选项填写在答题纸的对应栏内）

  A．A 公司独立完成所有设备的服务

  B．A 公司提供 IT 设备的服务，寻找第三方提供基础设施的服务

  C．与客户协商只完成 A 公司能支持的部分

  D．A 公司能力不符合该项目要求，应该尽早退出

【问题 3】（7 分）

服务需求识别过程可以为服务协议提供支持，请指出服务需求识别过程中的关键成功要素。

【问题 4】（4 分）

如果对协议中的"服务报告"增加考核要求，请给出考核的关键指标。

试题一分析

本题重点考查 IT 服务规划设计知识点，考生需全面多视角来综合分析并作答。

【问题 1】

针对案例问答题，重点从如下几个方面进行考查。

（1）考生须从系统规划与管理师的角度思考，如何做好 IT 服务规划设计工作。

（2）考生须掌握如何制定服务级别协议，了解服务级别协议的框架与内容。

【问题 2】

概念选择题，考生须明确 IT 服务模式设定的基本概念。

【问题 3】

概念问答题，考查考生对服务需求识别过程中关键成功要素的掌握程度。

【问题 4】

概念问答题，考查考生对服务报告管理的关键指标的掌握程度。

参考答案

【问题 1】

（1）服务描述中缺少对基础设施设备的支持内容

（2）服务可用性、可靠性的指标，缺少具体测算公式

（3）服务支持中缺少特殊情况说明

（4）缺少服务交付的具体内容

(5) 缺少服务流程
(6) 缺少需方接口人员
(7) 缺少服务考核要求
(8) 缺少服务费用的关键信息
（每个 2 分，满分 12 分）

【问题 2】
　　B

【问题 3】
　　(1) 明确服务范围、服务内容和服务目标。（2 分）
　　(2) 识别客户对于可用性、连续性、信息安全、服务能力、价格和服务报告方面的需求，以便进行规划设计。（3 分）
　　(3) 与需方进行充分的沟通,全面了解明示的和隐含的服务需求。（2 分）。

【问题 4】
　　(1) 服务报告的完整性
　　(2) 服务报告的及时性
　　(3) 服务报告的准确性
　　(4) 服务报告的分类及模板
　　（每个 1 分，共 4 分）

试题二（共 25 分）
　　阅读下列说明，回答问题 1 至问题 3，将解答填入答题纸的对应栏内。

【说明】
　　电商公司 A 近期新并购一电商平台，信息化团队、信息系统架构、运维服务体系均随之发生变化，原 IT 服务模式已无法满足业务扩展。
　　针对 A 公司的服务需求，A 公司的服务供应商 S 公司主动对原有的 IT 服务模式和相关制度进行了调整并部署实施。
　　2019 年第 4 季度，电商系统于 10 月 16 日 20 点 29 分至 20 点 59 分，11 月 26 日 14 点 13 分至 14 点 33 分分别发生了系统故障，导致网站无法访问，需要针对该情况进行服务回顾。

【问题 1】（12 分）
　　S 公司在 IT 服务部署实施过程中完成了服务台管理制度的初始化，请写出服务台管理制度应包含的主要内容。

【问题 2】（6 分）
　　结合案例，请写出计算公式并计算如下指标。
　　(1) 电商系统在 2019 年 10 月份的系统可用率。
　　(2) 电商系统在 2019 年第 4 季度的平均修复时间（MTTR）。

【问题 3】(7 分)

IT 服务部署实施的计划阶段，需充分考虑服务过程中可能出现的突发状况，预先定义应急响应方法，请指出应急响应所需的要素或主要活动。

试题二分析

本题重点考查 IT 服务部署实施要素与 IT 服务部署实施方法，考生需全面多视角来综合分析并作答。

【问题 1】

概念问答题，考生需明确服务台管理制度包含的主要内容。

【问题 2】

概念问答题，考生需掌握系统可用率与平均修复时间的计算公式与方法。

【问题 3】

概念问答题，考核考生对应急响应所需的要素或主要活动的掌握程度。

参考答案

【问题 1】

（1）服务台中各岗位的角色和职责

（2）服务台的主要工作流程

（3）记录事件与服务请求的具体要求

（4）事件与服务请求分派的原则

（5）事件回访的相关规定与要求

（6）服务台的绩效考核指标

（每条 2 分，共 12 分）

【问题 2】

（1）该系统 10 月发生故障的时长为 30 分钟，10 月份的总时长：$31 \times 24 \times 60 = 44640$ 分钟。

可用率 = 系统无故障运行时间（或系统可用时间）/ 总时长

$= (44640 - 30) / 44640$

$= 99.93\%$

（公式正确给 2 分，计算正确给 1 分，共 3 分）

（2）MTTR = 故障耗时 / 故障次数

$= (30 + 20) / 2$

$= 25$ 分钟

（公式正确给 2 分，计算正确给 1 分，共 3 分）

【问题 3】

（1）风险评估

（2）应急响应的触发、通知机制

（3）制定应急预案
（4）成立应急响应组织，明确由何人负责启动应急预案
（5）恢复服务所需的行动步骤和相应的责任人
（6）应急预案的培训与演练
（7）日常监测与预警

（每条1分，共7分）

试题三（共 25 分）

阅读下列说明，回答问题1至问题4，将解答填入答题纸的对应栏内。

【说明】

近年来，H公司信息化基础平台经历了从传统模式到混合云模式的转变，在新的模式下，重构和优化IT服务运营管理体系成为运营管理部门的工作重点。

在IT服务现状评估基础上，系统规划与管理师孙经理从服务能力要素角度，总结出如下提升需求：

要素	需求
人员	（1）需提升人员技能，以适应新形态的IT环境 （2）加强对人员储备管理，保证有充足人员支撑新扩展业务 关键成功要素：人员是否具有云模式下的知识体系
资源	（1）提供7×24小时的远程和现场系统监控，提供5×8小时业务、技术、应用系统使用问题咨询、解决各业务系统IT服务事件 （2）明确服务台职能，服务台需保证50%以上一线解决率，同时服务台须配置备用监控平台，提升监控平台的可用性 （3）为业务系统涉及的硬件设备，以及各业务系统使用的软件建立完善的台账，对运维服务过程中产生的软、硬件资产进行统一的备件管理
技术	面对混合云架构缺乏较好的技术手段来进行快速定位、分析、诊断问题的根本原因，使得解决问题的时间较长，影响了用户体验
过程	（1）需对服务级别协议的执行绩效跟踪记录，在服务指标上缺乏SLA达成率、事件解决率、变更成功率、服务报告交付及时率等具备考核可操作性的指标 （2）需提供及时、准确、可靠的服务报告，以为管理层提供决策支持 （3）对事件、问题进行规范化管理，以提升事件及时处理率及降低平均处理时长 （4）完善现有变更、发布管理，确保变更有序实施及成功导入

【问题1】（8分）

结合案例的服务管理提升需求，请补充人员要素管理的其他关键成功因素。

【问题2】（4分）

结合案例的服务管理提升需求，请补充过程要素中SLA达成率、事件解决率、变更成功率、服务报告交付及时率的计算公式。

【问题3】（8分）

请写出服务台在IT服务运营中的主要工作。

【问题4】（5分）

请判断以下有关IT服务运营管理的描述是否正确（填写在答题纸的对应栏内，正确的选项填写"√"，不正确的选项填写"×"）：

（1）IT服务项目知识的提取和获取是在项目内部进行的。（　）

（2）零基预算指新的预算使用以前期间的预算或者实际业绩作为基础来编制，资源的分配是基于以前期间的资源分配情况。（　）

（3）变更管理流程必须评估变更对可用性和连续性计划的影响。（　）

（4）服务运营管理的技术管理包括技术研发的预算管理，以及技术成果的运行、改进等管理工作。（　）

（5）如果人员能力出现问题，宜采用奖励手段进行激励。（　）

试题三分析

本题重点考查IT服务运营管理方法，考生需全面多视角来综合分析并作答。

【问题1】

概念问答题，考生需掌握IT服务运营管理中人员要素管理的关键成功因素。

【问题2】

概念问答题，考生需明确过程要素中SLA达成率、事件解决率、变更成功率、服务报告交付及时率的计算公式。

【问题3】

概念问答题，考生需明确服务台在IT服务运营中的主要工作。

【问题4】

概念判断题，考查有关IT服务运营管理的描述。

参考答案

【问题1】

（1）岗位培训是否充足且适用

（2）团队能力的互备性

（3）人员考核指标设定是否符合SMART原则

（4）人员考核结果应用是否真正落地有效

（每条2分，共8分）

【问题2】

SLA达成率=（SLA达成事件之和/事件总数）×100%

事件解决率=成功解决事件数/已关闭事件总数

变更成功率=1–（回退变更/变更总数）×100%

服务报告交付及时率=服务报告按时提交的数量/服务报告总数量

（每条 1 分，共 4 分）

【问题 3】

(1) 响应呼叫请求

(2) 发布信息

(3) 供应商联络

(4) 运营任务

(5) 基础设施监控

（每条 2 分，满分 8 分）

【问题 4】

(1) ×

(2) ×

(3) √

(4) √

(5) ×

第12章 2020下半年系统规划与管理师下午试题Ⅱ写作要点

> 从下列的2道试题（试题一至试题二）中任选1道解答。请在答题纸上的指定位置处将所选择试题的题号框涂黑。若多涂或者未涂题号框，则对题号最小的一道试题进行评分。

试题一 论IT服务规划设计

IT服务规划设计处于整个IT服务生命周期的前端，可以帮助IT服务供方了解客户的需求，对其进行全面需求分析，并通过IT服务的具体规划和设计，为后续的IT服务部署实施提供支持。

请以"论IT服务规划设计"为题，分别从以下三个方面进行论述：

1. 概要叙述你参与过的或者你所在组织开展过的IT服务项目的基本情况（背景、目的、组织结构、服务对象、服务内容等），并说明你在其中承担的工作。

2. 结合项目实际，论述你对IT服务规划设计的认识，可以包括但不限于以下方面：
（1）IT服务规划设计的主要工作内容。
（2）IT服务方案设计在人员、过程、技术、资源方面的主要内容。

3. 请结合论文中所提到的IT服务，介绍你是如何进行IT服务规划设计的，包括具体做法和经验教训。

写作要点：

第一部分评分要点：

论文结构合理，摘要正确，正文完整，语言流畅，字迹清楚。

所述IT服务工作真实可信，介绍得当。

第二部分评分要点：

论述的要点要覆盖题目要求的两个方面，但又不局限于这两个方面。

1. IT服务规划设计的主要内容。
（1）服务需求识别。
（2）服务目录设计。
（3）服务方案设计。
（4）服务成本评估。
（5）服务级别协议设计。

2. 针对人员、资源、技术和过程的设计内容。

(1) 服务人员设计内容：岗位和职责设计、绩效方案设计、培训方案设计等。
(2) 服务资源设计内容：服务工具选择、服务台设计、备品及备件库设计、知识库设计。
(3) 服务技术设计内容：技术研发、发现问题的技术、解决问题的技术。
(4) 服务过程设计内容：过程识别和定义、过程 KPI 设计、过程监控设计。

第三部分评分要点：

根据考生对 IT 服务工作如何进行规划设计的阐述以及总结的心得体会，确定其叙述的 IT 服务规划设计及其评论是否合适，是否具有 IT 服务规划设计经验。陈述问题得当、真实，分析方式正确，评论合适。

试题二　论 IT 服务风险管理

风险是实现服务目标过程中的不确定性对服务所带来的影响。IT 服务风险管理可以对风险进行有效管理，帮助实现预定的目标，减小风险对组织资源、收益的不利影响。

请以"论 IT 服务风险管理"为题，分别从以下三个方面进行论述：

1. 概要叙述你参与过的或者你所在组织开展过的 IT 服务项目的基本情况（背景、目的、组织结构、周期、服务对象、服务方式、服务内容、交付成果等），并说明你在其中承担的工作。

2. 结合项目管理实际情况并围绕以下要点论述你对 IT 服务风险管理的认识。
(1) 项目在人员、过程、技术、资源方面可能会存在哪些风险。
(2) 结合 IT 服务风险管理的过程，针对所存在的风险如何进行管理。

3. 请结合论文中所提到的 IT 服务项目，介绍你是如何进行风险管理的（可叙述具体做法），并总结你的心得体会。

写作要点：

第一部分评分要点：

论文结构合理，摘要正确，正文完整，语言流畅，字迹清楚。
所述项目真实可信，介绍得当。

第二部分评分要点：

分别论述：
1. 四要素可能存在的风险。
(1) 人员流动、人员无操作、人员经验不足等。
(2) 过程不完善、过程设计不合理等。
(3) 技术和服务对象不匹配等。
(4) 备品备件失效、服务工具失效等。
2. 如何进行风险管理。
(1) 风险管理计划。
(2) 风险识别。
(3) 定性风险分析。

(4)定量风险分析。

(5)风险处置计划。

(6)风险监控与跟踪。

第三部分评分要点：

根据考生描述的 IT 服务项目和所承担的 IT 服务项目中存在的风险，及如何进行风险管理的阐述以及总结的心得体会，确定其叙述的风险管理及其评论是否合适，是否具有 IT 服务风险管理的经验。陈述问题得当、真实，分析方式正确，评论合适。

第 13 章 2021 上半年系统规划与管理师上午试题分析与解答

试题（1）

香农用概率来定量描述信息的公式如下，其中 $H(X)$ 表示事件 X 的__(1)__。

$$H(X) = -\sum_{i} P_i \log - P_i$$

（1）A．概率　　　　B．信息熵　　　　C．比特　　　　D．字节

试题（1）分析

参考《系统规划与管理师教程》[①]1.1.2 小节。

本题主要考查对信息的定量描述的熟悉程度。$H(X)$ 表示事件 X 的信息熵，P_i 是事件出现第 i 种状态的概率，在二进制的状况下，对数的底是 2，此时的信息熵可以作为信息的度量，称为信息量，单位是比特（bit）。

参考答案

（1）B

试题（2）

微信信息通过 5G 网络，传送给接收方。5G 网络属于信息传输模型中的__(2)__。

（2）A．信源　　　　B．信宿　　　　C．信道　　　　D．译码

试题（2）分析

参考《系统规划与管理师教程》1.1.3 小节。

本题考查对信息传输模型中每个环节定义的掌握。信道是传送信息的通道，如 TCP/IP 网络。

参考答案

（2）C

试题（3）

网络直播带货是新兴的购物模式。张某进入某企业网络直播间，与主播互动后，在网站下订单购买了三件商品。这种电子商务的模式属于__(3)__。

（3）A．B2C　　　　B．B2B　　　　C．C2C　　　　D．C2B

试题（3）分析

参考《系统规划与管理师教程》1.2.6 小节。

[①] 本章提及的《系统规划与管理师教程》（ISBN 9787302476160）是全国计算机技术与软件专业技术资格（水平）考试指定用书，由清华大学出版社出版。

本题考查对电子商务类型的灵活运用,对新兴商务模式的深入理解。虽然是直播带货购买,但仍然是企业向消费者提供网上购物环境,消费者通过 Internet 访问相关网站进行咨询、购买活动,即为 B2C 商务模式。

参考答案

(3) A

试题（4）

__(4)__ 的特点是动态响应、逐步纳入用户需求,系统分析、设计与实现都是随着对一个工作模型的不断修改而完成的,互相之间并无明显界限,也没有明确分工。

(4) A．敏捷开发　　　B．原型法　　　C．面向对象方法　　　D．结构化方法

试题（4）分析

参考《系统规划与管理师教程》1.3.3 小节。

本题考查选取于原型法的特点。原型法的特点在于对用户的需求是动态响应、逐步纳入的,系统分析、设计与实现都是随着对一个工作模型的不断修改而同时完成的,互相之间并无明显界限,也没有明确分工。

参考答案

(4) B

试题（5）

诺兰模型将计算机信息系统的发展划分为 6 个阶段,不包括__(5)__。

(5) A．普及期　　　B．控制期　　　C．加速期　　　D．整合期

试题（5）分析

参考《系统规划与管理师教程》1.3.4 小节。

本题考查诺兰模型的熟悉程度。诺兰将计算机信息系统的发展道路划分为 6 个阶段：初始期、普及期、控制期、整合期、数据管理期和成熟期。加速期为干扰项。

参考答案

(5) C

试题（6）

信息技术行动计划是组织落实 IT 战略而制订的中长期详细行动计划,信息技术行动计划不包括__(6)__。

(6) A．信息化项目进程　　　　　　B．信息化核心能力发展计划
　　　C．战略要点规划　　　　　　D．项目描述和投资分析

试题（6）分析

参考《系统规划与管理师教程》1.4.1 小节。

本题考查信息技术行动计划。信息技术行动计划包括：信息化项目进程、项目描述和投资分析及信息化核心能力发展计划,共三个方面。

参考答案

（6）C

试题（7）

____（7）____ 不属于 IT 战略组成。

（7）A．实施方案　　　B．中长期目标　　　C．战略要点　　　D．使命

试题（7）分析

参考《系统规划与管理师教程》1.4.1 小节。

本题考查 IT 战略组成。IT 战略组成分为四部分：使命、远景目标、中长期目标、策略路线/战略要点。实施方案为干扰项。

参考答案

（7）A

试题（8）

____（8）____ 旨在确保构造了正确的产品，即产品满足其特定的目的。

（8）A．验证过程　　　B．确认过程　　　C．软件评审　　　D．软件质量保证

试题（8）分析

参考《系统规划与管理师教程》2.1.3 小节。

本题考查软件质量保证及质量评价。确认过程则试图确保构造了正确的产品，即产品满足其特定的目的。

参考答案

（8）B

试题（9）

软件系统交付后，开发人员发现系统性能可以进一步优化，由此产生的软件维护属于____（9）____。

（9）A．适应性维护　　　B．更正性维护　　　C．完善性维护　　　D．预防性维护

试题（9）分析

参考《系统规划与管理师教程》2.1.2 小节。

本题考查对软件维护类型的理解。完善性维护是改进交付后产品的性能和可维护性。

参考答案

（9）C

试题（10）

____（10）____ 不是对象应包含的基本要素。

（10）A．对象行为　　　B．对象状态　　　C．对象标识　　　D．对象语言

试题（10）分析

参考《系统规划与管理师教程》2.2.1 小节。

本题考查面向对象系统分析中对象的基本概念。对象包含 3 个基本要素，分别是对象标

识、对象状态和对象行为。

参考答案

（10）D

试题（11）

Web Services 的主要目标是跨平台的互操作性，___（11）___ 适合使用 Web Services。

① 跨越防火墙　　　　② B2B 集成

③ 应用程序集成　　　④ 局域网中同构应用程序

（11）A．①②④　　　B．②③④　　　C．①③④　　　D．①②③

试题（11）分析

参考《系统规划与管理师教程》2.3.2 小节。

本题考查对 Web Services 技术的掌握熟练度。Web 服务的主要目标是跨平台的互操作性，不适合使用 Web 服务的情况包括：单机应用程序、局域网上的同构应用程序等。

参考答案

（11）D

试题（12）

在开放系统互联参考模型（OSI）中，___（12）___ 管理数据的解密加密、数据转换、格式化和文本压缩。

（12）A．传输层　　　B．数据链路层　　　C．会话层　　　D．表示层

试题（12）分析

参考《系统规划与管理师教程》2.4.1 小节。

本题考查对 OSI 七层协议的掌握。表示层管理数据的解密加密、数据转换、格式化和文本压缩。

参考答案

（12）D

试题（13）

关于无线网络的描述，不正确的是 ___（13）___ 。

（13）A．无线网络具有抗干扰性强、部署简单的特点

　　　　B．无线网络适用于很难布线的地方

　　　　C．红外线技术和射频技术也属于无线网络技术

　　　　D．无线网络提供了有线网络不具备的便利性

试题（13）分析

参考《系统规划与管理师教程》2.4.2 小节。

本题考查对无线网络技术使用环境的了解程度。无线网络是指以无线电波作为信息传输媒介，无线电波抗干扰性差。无线网络允许用户建立远距离无线连接的全球语音和数据网络，无线网络适用于布线困难的地方。无线网络也可建立为近距离无线连接进行优化的红外线技

术及射频技术,与有线网络的用途十分类似,最大的不同在于传输媒介的不同,利用无线电技术取代网线,可以和有线网络互为备份。

参考答案

(13) A

试题(14)

关于网络存储服务设备(NAS)的描述,不正确的是__(14)__。

(14) A. NAS 中的设备都分配 IP 地址

B. NAS 直接与主机系统相连

C. 通过数据网关来访问 NAS

D. NAS 直接与网络相连

试题(14)分析

参考《系统规划与管理师教程》2.4.3 小节。

本题考查网络服务器和网络存储技术。NAS 是将存储设备通过标准的网络拓扑结构(如以太网)连接到一系列计算机上。它是一种专用数据存储服务器,它以数据为中心,将存储设备与服务器彻底分离。NAS 是网络中的独立设备,分配 IP 地址,通过网络来访问和存取。

参考答案

(14) B

试题(15)

选择拓扑结构时,应该考虑的主要因素有__(15)__。

① 地理环境　　　　② 传输介质与距离

③ 网络设备类型　　④ 网络传输可靠性

(15) A. ①②④　　B. ②③④　　C. ①③④　　D. ①②③

试题(15)分析

参考《系统规划与管理师教程》2.4.5 小节。

选择拓扑结构时,应该考虑的主要因素有地理环境、传输介质与距离以及网络传输可靠性,与网络设备类型无关。

参考答案

(15) A

试题(16)

某电商平台会在用户登录主页时推送已购商品列表,提示哪些需要再次购买。这是__(16)__技术的典型应用。

(16) A. 物联网　　B. 区块链　　C. 云计算　　D. 大数据

试题(16)分析

参考《系统规划与管理师教程》2.5.1 小节。

本题考查对大数据应用的深入理解,明白现实生活中大数据技术的具体应用点。具体的参考内容是：各行业在大数据应用上的契合度——互联网和电子商务行业的用户行为分析，研究对象用户在互联网、移动互联网上的访问日志、用户主体信息，从而挖掘潜在客户进行精准推广。

参考答案

（16）D

试题（17）

关于物联网的描述，不正确的是 __(17)__ 。

（17）A．物联网的网络层负责信息采集和物物之间的信息传输

B．物联网利用射频自动识别（RFID）等技术，进行信息交换与通信

C．物联网是架构在互联网或专网基础上的联网应用

D．物联网技术已应用到智慧物流、智能管家、智慧农业、医疗健康领域

试题（17）分析

参考《系统规划与管理师教程》2.5.3 小节。

本题考查对物联网架构与应用的灵活掌握。感知层，负责信息的采集和物物之间的信息传输，而不是由网络层负责。

参考答案

（17）A

试题（18）

__(18)__ 不属于移动互联网所使用的开发平台。

（18）A．Web 2.0　　　　　　　　B．Android

C．iOS　　　　　　　　D．Windows Phone

试题（18）分析

参考《系统规划与管理师教程》2.5.4 小节。

本题考查对移动互联网关键技术的深入理解。Web 2.0 严格来说不是一种技术，而是提倡众人参与的互联网思维模式。

参考答案

（18）A

试题（19）

关于产品的描述，不正确的是 __(19)__ 。

（19）A．产品包含满足用户需求的有形物品或无形服务

B．服务不能作为产品，但服务过程可以伴随着产品的出现

C．软件、硬件、流程性材料都属于产品

D．产品是一组将输入转化为输出的相互关联或相互作用的活动的结果

试题（19）分析

参考《系统规划与管理师教程》3.1.1 小节。

本题考查对产品的定义。产品是人们向市场提供的能满足消费者或用户某种需求的任何有形物品或无形服务，因此无形服务也可以是产品。

参考答案

（19）B

试题（20）

运营管理中，__（20）__过程驱动或推进企业业务系统的执行，通过整个系统的运转来完成运营目标。

（20）A．设计　　　　B．运行　　　　C．评价　　　　D．改进

试题（20）分析

参考《系统规划与管理师教程》3.2.2 小节。

本题考查对运营管理四阶段的掌握程度。运行就是要驱动或推进这个系统的执行，让它真正动起来，通过整个系统的运转来完成运营目标。

参考答案

（20）B

试题（21）

关于 IT 治理的描述，不正确的是__（21）__。

（21）A．IT 治理可以最大化提升企业价值

　　　B．IT 治理强调信息化目标与企业战略目标保持一致

　　　C．IT 治理由企业经营者全权负责

　　　D．IT 治理会对风险进行有效管理

试题（21）分析

参考《系统规划与管理师教程》3.3 节。

本题考查 IT 治理内涵表述内容的掌握程度。其中 IT 治理是企业利益相关者和经营者共同的责任，并不是其中一方的责任。

参考答案

（21）C

试题（22）

实施 IT 服务管理（ITSM）的根本目标不包含__（22）__。

（22）A．以客户为中心提供 IT 服务

　　　B．提升技术管理能力

　　　C．提供的服务是可以准确计价的

　　　D．提供高质量、低成本的服务

试题（22）分析

参考《系统规划与管理师教程》3.4.2 小节。

本题考查对 ITSM 根本目标的掌握情况。ITSM 的根本目标为 3 个：（1）以客户为中心

提供 IT 服务；（2）提供高质量、低成本的服务；（3）提供的服务是可以准确计价的。

参考答案

（22）B

试题（23）

　　__(23)__ 是一组有起止时间的、相互协调的受控活动所组成的特定过程，该过程要达到符合规定要求的目标，包括时间、成本和资源等各方面的要求与约束。

　　（23）A．产品　　　　　　　　B．服务
　　　　　C．项目　　　　　　　　D．投资

试题（23）分析

　　参考《系统规划与管理师教程》3.5 节。

　　本题考查对项目定义的理解。项目是一组有起止时间的、相互协调的受控活动所组成的特定过程，该过程要达到符合规定要求的目标，包括时间、成本和资源等各方面的要求与约束。

参考答案

（23）C

试题（24）

　　下图是__(24)__项目群管理框架。

　　（24）A．多客户　　　B．多业务　　　C．单客户　　　D．单业务

试题（24）分析

　　参考《系统规划与管理师教程》3.5.2 小节。

　　本题考查项目群管理中，对于项目群分类的掌握情况。出自多客户项目群管理框架图的变化，多客户项目群管理框架图按客户目标管理，设置 PMO 或 IT 服务总监，管理多个客户项目，每个客户项目设有项目经理，每个客户都有不同的 IT 服务子项目。

参考答案

（24）A

试题（25）

　　在六西格玛中，__(25)__是统计方面专家的最高级别，提供管理技术指导。

(25) A. 执行领导　　　B. 黑带大师　　　C. 绿带大师　　　D. 项目负责人

试题（25）分析

参考《系统规划与管理师教程》3.6.2 小节。

本题考查六西格玛管理中 6σ 的人员分工。黑带大师是 6σ 管理专家的最高级别，是统计方面的专家，负责提供技术指导；能够确保黑带在实施应用过程中的正确性。

参考答案

（25）B

试题（26）

关于质量管理工具的描述，不正确的是　(26)　。

(26) A. 因果分析图是寻找问题原因，集思广益的办法

　　 B. 矩阵图用于多因素分析，条理清楚、重点突出

　　 C. 旧七种工具强调用数据说话，重视对制造过程的质量控制

　　 D. 新七种工具替代了旧七种工具，是整理、分析语言文字资料的方法

试题（26）分析

参考《系统规划与管理师教程》3.6.4 小节。

本题是对质量管理工具新、旧七种工具内容、特点的整体考查。新七种工具的提出不是对旧七种工具的替代，而是对它的补充和丰富。

参考答案

（26）D

试题（27）

质量改进实施方法中，DMAIC 方法的正确实施步骤是　(27)　。

① 测量　　② 定义　　③ 分析　　④ 改进　　⑤ 控制

(27) A. ①②③⑤④　　B. ①⑤②④③　　C. ②⑤①④③　　D. ②①③④⑤

试题（27）分析

参考《系统规划与管理师教程》3.6.3 小节。

本题考查 DMAIC 方法实施步骤的熟练程度。DMAIC 方法的正确的五个步骤为：定义、测量、分析、改进和控制。

参考答案

（27）D

试题（28）

信息安全管理体系基于　(28)　的方法，建立、实施、运行、监视、评审、保持和改进信息安全。

(28) A. 业务战略　　　B. 运营过程　　　C. 业务风险　　　D. 运营风险

试题（28）分析

参考《系统规划与管理师教程》3.7.1 小节。

本题考查对 ISMS 体系的初步了解。ISMS 是整个管理体系的一部分，它是基于业务风险的方法，来建立、实施、运行、监视、评审、保持和改进信息安全的。

参考答案

（28）C

试题（29）

　　__(29)__ 是信息安全等级保护工作的第一个环节。

　　(29) A．监督检查　　　　B．定级　　　　C．等级测评　　　　D．备案

试题（29）分析

参考《系统规划与管理师教程》3.7.2 小节。

本题考查等级保护工作主要环节的掌握度。信息安全等级保护的正确顺序是：定级、备案、安全建设整改、等级评测和安全检查。其中定级是安全等级保护工作的第一个环节。

参考答案

（29）B

试题（30）

关于 IT 服务规划设计的描述，不正确的是 __(30)__ 。

　　(30) A．包含 IT 服务的所有活动及与业务相关的接口

　　　　　B．综合考虑有关职能、管理和运营等层面的问题

　　　　　C．系统规划师明确规划重点，不负责与各方沟通

　　　　　D．包含策划、实施、检查和改进

试题（30）分析

参考《系统规划与管理师教程》4.2.2 小节。

本题考查对规划设计关键成功要素的熟悉程度，要确保规划设计的有效实施，需充分考虑如下内容：(1) 确保规划设计考虑全面，使规划设计包含 IT 服务的所有活动及与业务相关的接口。(2) 当服务变更或补充规划设计的任一独立元素时，都要综合考虑有关职能、管理和运营等层面的问题。(3) 明确重点，充分沟通。(4) 策划、实施、检查和改进（Plan-Do-Check-Act，PDCA）。C 应为"明确重点，充分沟通"。

参考答案

（30）C

试题（31）

服务目录是梳理服务产品和管理客户期望的重要工具，一般包含两种，分别是 __(31)__ 。

　　(31) A．业务服务目录和运营服务目录　　　B．客户服务目录和技术服务目录

　　　　　C．客户服务目录和运营服务目录　　　D．业务服务目录和技术服务目录

试题（31）分析

参考《系统规划与管理师教程》4.3 节。

本题考查对服务目录类型的熟悉程度，正确答案为"业务服务目录和技术服务目录"。

第 13 章 2021 上半年系统规划与管理师上午试题分析与解答

参考答案

（31）D

试题（32）

"IT 服务目录设计"活动的正确步骤为　(32)　。

① 列举服务清单　　　② 确定小组成员　　　③ 服务项详细描述

④ 服务分类与编码　　⑤ 评审并发布服务目录　⑥ 完善服务目录

(32) A．②①④③⑤⑥　　　　　　　　B．①②③④⑤⑥

　　　C．②①③④⑤⑥　　　　　　　　D．①②④③⑥⑤

试题（32）分析

参考《系统规划与管理师教程》4.3.2 小节。

本题考查对服务目录设计流程的熟悉程度。正确流程为：①确定小组成员；②列举服务清单；③服务分类与编码；④服务项详细描述；⑤评审并发布服务目录；⑥完善服务目录。

参考答案

（32）A

试题（33）

　(33)　是服务交付过程的无形成果。

(33) A．总结报告　　　　　　　　　　B．SLA 达成率

　　　C．故障报告　　　　　　　　　　D．客户满意度提升

试题（33）分析

参考《系统规划与管理师教程》4.4.2 小节。

本题考查对服务协议中关键要素所表达意思的熟悉程度。服务交付成果指故障报告、总结报告等服务阶段中需要提交的各类交付成果，客户满意度提升是服务交付的无形成果。

参考答案

（33）D

试题（34）

关于服务需求识别目的的描述，不正确的是　(34)　。

(34) A．了解客户的主要需求，分析所有客户的全部需求

　　　B．了解客户对系统可用性和连续性的需求

　　　C．为 IT 服务资源合理配置提供依据

　　　D．为预算 IT 服务成本、设计定价和收费模式奠定基础

试题（34）分析

参考《系统规划与管理师教程》4.5.1 小节。

本题考查对服务需求识别目的的熟悉程度，(1) 了解客户的基本需求，分析潜在客户的不同需求，为 IT 服务方案设计打下基础。(2) 了解客户对系统可用性和连续性的需求。(3) 进行合理的 IT 服务资源配置。(4) 为预算 IT 服务成本、设计定价和收费模式奠定基础。A 强

调的是共性需求。

参考答案

（34）A

试题（35）

关于 IT 服务可用性指标的描述，正确的是 __（35）__ 。

（35）A．MTBF 越长越好，MTTR 和 MTBSI 越短越好

B．MTBF 和 MTBSI 越短越好，MTTR 越长越好

C．MTBF 和 MTBSI 越长越好，MTTR 越短越好

D．MTBF 越短越好，MTTR 和 MTBSI 越长越好

试题（35）分析

参考《系统规划与管理师教程》4.5.2 小节。

本题考查对 IT 服务可用性关键指标的熟悉程度。MTBF（Mean Time Between Failures）是平均无故障时间，越长越好；MTTR（Mean Time To Repair）是平均修复时间，越短越好；MTBSI（Mean Time Between System Incidents, MTBSI）是平均系统事件间隔时间，越长越好。

参考答案

（35）C

试题（36）

GB/T 28827.2—2012《信息技术服务 运行维护 第 2 部分：交付规范》框架中交付内容不包括 __（36）__ 。

（36）A．例行操作　　　B．体系审计　　　C．响应支持　　　D．优化改善

试题（36）分析

参考《系统规划与管理师教程》11.3.4 小节。

本题考查对交付规范 GB/T 28827.2—2012 交付内容的了解程度。交付内容包括例行操作、优化改善、响应支持、咨询规划。

参考答案

（36）B

试题（37）

为了快速响应业务需求，A 公司购买公有云服务，并将应用直接部署在公有云上。平台出现故障时，A 公司提交工单到公有云处理。针对该服务场景，下列描述正确的是 __（37）__ 。

（37）A．A 公司选择了现场服务和云服务的支持模式

B．A 公司选择了业务流程外包的服务模式

C．公有云服务商提供了现场服务和云服务的支持模式

D．公有云服务商提供了远程服务和云服务的支持模式

试题（37）分析

参考《系统规划与管理师教程》4.6.1 小节。

本题考查对 IT 服务模式的熟悉程度，服务模式为远程服务和云服务。

参考答案

（37）D

试题（38）

最符合 SMART 原则的指标是＿（38）＿。

（38）A．本年度系统的可用性指标，需达到 100%

B．3 个月内，每月热线电话接听率由当前的 92%提升至 95%

C．需尽快完善与客户的沟通制度，确保客户满意度提升

D．安全事件每发生一件，扣 50 分

试题（38）分析

参考《系统规划与管理师教程》4.6.3 小节。

本题考查对 SMART 原则的熟悉程度。A 答案中指标达到 100%不合理；C 答案没有可量化的指标不合理；D 没有时间期限不合理；最符合的答案为 B。

参考答案

（38）B

试题（39）

组建服务团队，一般采用外部招聘和＿（39）＿的方式，在此过程中，系统规划与管理师需参照＿（39）＿，根据岗位说明书中对人员的知识、＿（39）＿、经验三方面的要求分别进行判断。

（39）A．服务外包　业务规划　资质

B．内部调岗　储备计划　技能

C．内部调岗　业务规划　技能

D．服务外包　储备计划　资质

试题（39）分析

参考《系统规划与管理师教程》5.2.1 小节。

本题考查对人员要素部署实施的熟悉程度。系统规划与管理师协助 HR 采用外部招聘和内部调岗的方式来组建服务团队，在此过程中，系统规划与管理师需参照储备计划，根据岗位说明书中对人员的知识、技能、经验三方面的要求分别进行判断。

参考答案

（39）B

试题（40）

IT 服务部署实施过程中，关于工具部署的描述，不正确的是＿（40）＿。

（40）A．依据客户需求与成本高低，决策工具部署上线是否采用阶段式部署

B．工具部署前做好工具的测试，以测试结果作为部署决策的重要依据

C．针对工具的试运行阶段进行规划，包括试运行周期、目标和结束标准

D. 相关知识应从开发团队有效转移给 IT 服务团队

试题（40）分析

参考《系统规划与管理师教程》5.2.2 小节。

本题考查对资源要素部署中的工具部署、使用手册与相关制度的熟悉程度。（1）工具部署前做好工具的测试，以测试结果作为重要的部署决策依据。（2）规划好工具上线后的试运行阶段，包括试运行的周期、试运行的目标和结束标准。（3）依据风险级别与影响度范围，决策工具部署上线是否采用阶段式部署。（4）与工具相关的知识应从开发团队或工具厂商处有效转移给工具的 IT 服务团队，包括各类工具的使用手册、使用说明与服务管理制度。

参考答案

（40）A

试题（41）

关于标准操作规范（SOP）的描述，正确的是___（41）___。

①IT 服务人员都能看懂 SOP，且每个人的理解都相同

②通过 SOP，使操作人员经过长期培训，掌握较为先进合理的操作技术

③SOP 是系统规划与管理师最基本、最有效的技术管理手段

④SOP 虽然成本高，但是效率高，可以识别出关键风险点

⑤SOP 是贯彻标准化作业的具体体现，实现服务管理规范化

（41）A. ①②④　　　　B. ②③⑤　　　　C. ①③⑤　　　　D. ③④⑤

试题（41）分析

参考《系统规划与管理师教程》5.2.3 小节。

本题考查对 SOP 作用和编写要点的熟悉程度，①③⑤为教程原文，其中②和④的教程原文为"使操作人员经过短期培训，快速掌握较为先进合理的操作技术；SOP 正式发布前要经过测试与评价环节"。

参考答案

（41）C

试题（42）

过程体系试运行期间，判断新过程的效果，主要通过管理目标达成情况、___（42）___和服务工具使用效果等方式进行检查。

（42）A. 合同续签率　　　　　　B. 当期服务收入
　　　　C. 人员流失率　　　　　　D. 客户满意度

试题（42）分析

参考《系统规划与管理师教程》5.2.4 小节。

本题考查对过程要素部署实施的熟悉程度。过程体系试运行期间，判断新过程的效果，主要通过管理目标达成情况、客户满意度和服务工具使用效果等方式进行检查。

参考答案

（42）D

试题（43）

在 IT 服务部署实施的计划阶段，可能存在的风险不包括 __(43)__ 。

（43）A．IT 服务部署实施计划的完整性和条理性

B．项目范围发生变化、项目组内部沟通不力

C．IT 服务部署实施交付物的可验收性

D．与 IT 服务规划设计和 IT 服务运营的吻合性

试题（43）分析

参考《系统规划与管理师教程》5.3.1 小节。

本题考查对 IT 服务部署实施计划的熟悉程度。在 IT 服务部署实施的计划阶段，通常来说，可能存在的风险或问题包括：①IT 服务部署实施计划的完整性和条理性。②IT 服务部署实施计划本身的可用性。③IT 服务部署实施交付物的可验收性。④与 IT 服务规划设计和 IT 服务运营的吻合性。而 B 的内容不合理。

参考答案

（43）B

试题（44）

关于配置管理的广度与颗粒度的描述，不正确的是 __(44)__ 。

（44）A．不正确的广度与颗粒度，可能大幅提升管理成本和难度

B．要依据自身的服务能力来设置其颗粒度

C．广度和颗粒度一般不调整，应尽可能全面、细化以确保满足未来需求

D．对于不属于自身管理范围的项目不应纳入配置管理的范围

试题（44）分析

参考《系统规划与管理师教程》5.3.2 小节。

本题考查对 IT 服务部署实施中配置管理的熟悉程度，ABD 为教程原文，C 的错误主要体现在"不会调整"以及"尽可能全面、细化"，正常配置管理是为业务服务的，如果业务需求和服务管理需求发生变化，配置管理的广度和颗粒度肯定也是要调整的，所以还是满足一定时期内管理要求才是正确的选择。

参考答案

（44）C

试题（45）

在部署实施验收阶段，关注的要点不包括 __(45)__ 。

（45）A．规定的服务交付物应由客户验收

B．部署实施团队应确保稳定，做好后期运维的准备

C．服务级别协议中的约定目标都已实现

D. 总结并记录部署实施中的经验

试题（45）分析

参考《系统规划与管理师教程》5.3.3 小节。

本题考查对 IT 服务部署实施验收的熟悉程度。B 的错误主要体现在对部署实施团队的后续工作要求上。正常验收移交后，运营运维将交由专门的团队执行，尽管也可能仍由实施团队骨干人员带领维护，但通常实施团队会选择解散和释放资源，而非一直提供后续服务。

参考答案

（45）B

试题（46）

人员连续性管理中，预防性活动包含__(46)__。

①服务能力规划　　　　②人员连续性安全管理　　　③知识管理及培训
④岗位互备及轮岗　　　⑤面向供应商及相关第三方进行接口关系变更

（46）A. ①②⑤　　　B. ②④⑤　　　C. ①③④　　　D. ③④⑤

试题（46）分析

参考《系统规划与管理师教程》6.2.1 小节。

本题考查对人员连续性管理活动的熟悉程度，人员连续性管理预防性活动有服务能力规划、知识管理及培训、岗位互备及轮岗、识别能力发展曲线、明确岗位交接管理说明、与客户、供应商及第三方明确相关的人员连续性管理流程。

参考答案

（46）C

试题（47）

知识管理成熟度的衡量指标不包括__(47)__。

（47）A. 知识积累的数量
　　　B. 知识带来的业务增长与合同续签率
　　　C. 各类知识的比重
　　　D. 知识的更新率与利用率

试题（47）分析

参考《系统规划与管理师教程》6.3.2 小节。

本题考查对知识管理的熟悉程度。B 的错误主要体现在知识对业务的贡献太过间接，如果强行作为关联关系不容易找到服务团队应该改进的点，除非知识本身就是业务的直接生产资料，如咨询公司等。所以 B 不适合作为知识管理成熟度的考核项。

参考答案

（47）B

试题（48）

服务台在 IT 服务运营中的主要工作包括呼叫响应请求、发布信息、__(48)__、运营任务、基础设施监控等。

(48) A．现场故障解决　　　　　　　　B．项目计划起草

　　　C．驻场团队员工关怀　　　　　　D．供应商联络

试题（48）分析

参考《系统规划与管理师教程》6.3.3 小节。

本题考查对服务台管理与评价的熟悉程度。ABC 选项为现场工程师、项目经理或者 HR 的工作，都非服务台的范畴。

参考答案

(48) D

试题（49）

运维团队为提高多个外部客户备件响应时效，今年新建了北、上、广、深的四地备件库，并更新了备件库领用出库表的模板（见下表）。基于今年的变化，建议模板中增加的信息为__(49)__。

序号	领用日期	领用人	备件名称	备件数量	领用原因	审批人	管理员	领用人
……	……	……	……	……	……	……	……	……

(49) A．归还日期　　　　　　　　　　B．备件剩余数量

　　　C．所属备件库　　　　　　　　　D．生产批次

试题（49）分析

参考《系统规划与管理师教程》6.3.4 小节。

本题考查对备品备件管理的熟悉程度。教材中无参考答案，需要从题面寻找线索。出库表主要记录申请人和备件的相关信息，并在未来对数据做相关分析。备件一旦领出大概率不会归还，所以归还日期无意义；备件剩余数量应记录在库存表中，而非领出表；备件存放位置也应记录在库存表中；而所属备件库的信息，有助于分析各地备件库的备件命中率以及备件采购预测，所以应该记录，答案为 C。

参考答案

(49) C

试题（50）

运维团队为检验技术成果，决定周末举行应急演练。由于邀请客户参加，需将演练计划提前发送相关领导。请审阅运维团队提供的演练计划大纲（见下图）。建议增加的信息为__(50)__。

```
               应急演练计划
    演练概述：……
    演练目的：……
    演练时间：……  演练地点：……
    演练内容：……
    演练类型： □模拟演练   □真实演练   □其他
    演练人员：
              □内部人员：
              □外部支持人员：
    演练过程记录：……
    演练计划步骤：……
    演练结果记录：……
    演练问题总结：……
    演练结论：……
```

（50）A．改进行动　　　　　　　　B．历史演练回顾
　　　C．演练费用分析　　　　　　D．演练培训计划

试题（50）分析

参考《系统规划与管理师教程》6.4.3 小节。

本题考查应急演练的熟悉程度，也需要从题面寻找线索。既然是要发给客户的，因此演练费用分析没有必要；演练培训计划和历史演练回顾在计划中也没有重要的价值，属于前期准备阶段可以考虑的内容，不宜放到书面计划中；而在应急演练计划中，有必要增加改进行动的相关内容。

参考答案

（50）A

试题（51）

在规划设计阶段，应涉及的流程包括服务级别管理、服务报告管理、事件管理、问题管理、配置管理、变更管理、发布管理和 __(51)__ 。

（51）A．安全管理　　　B．项目管理　　　C．数据管理　　　D．客户管理

试题（51）分析

参考《系统规划与管理师教程》6.5 节。

本题考查对过程要素管理的熟悉程度。规划设计阶段所提及的流程包括服务级别管理、服务报告管理、事件管理、问题管理、配置管理、变更管理、发布管理、安全管理，进行有效的支持并确保执行。B、C、D 内容不属于过程要素中的内容，所以不正确。

参考答案

（51）A

试题（52）

IT 服务运营中，容量管理需满足的业务需求不包括__（52）__。

（52）A．当前和未来的容量和性能需求

　　　B．外部变更对容量可能产生的影响

　　　C．预测分析所需的数据、流程和方法

　　　D．IT 服务团队人员变更

试题（52）分析

参考《系统规划与管理师教程》6.5.10 小节。

本题考查对容量管理的熟悉程度。容量管理需满足的业务需求包括：当前的和未来的容量和性能需求；服务升级时间、阈值和成本；对计划的服务升级、变更请求、新技术和新技能对能力所产生的作用的评估；外部变更对容量可能产生的影响；提出用来预测分析的数据、流程和方法。容量管理与 IT 服务团队人员无相实质相关性。

参考答案

（52）D

试题（53）

__（53）__是变更成功率的计算公式。

（53）A．1–（回退变更/变更总数）×100%

　　　B．1–（成功变更/变更总数）×100%

　　　C．（成功发布/变更总数）×100%

　　　D．（回退发布/变更总数）×100%

试题（53）分析

参考《系统规划与管理师教程》6.6 节。

本题考查对运营管理关键考核指标的熟悉程度，变更成功率可以由"成功变更/变更总数"或者"1–（回退变更/变更总数）"计算得出。所以 B 正确，其他都为干扰项。

参考答案

（53）A

试题（54）

服务团队为快速提高客户 ERP 系统的可用性，准备进行为期一周的服务测量活动。具体内容包括：与客户的系统管理员沟通、针对几个关键时间节点做数据采样、收集调查问卷结果等。以上使用的测量方法不包括__（54）__。

（54）A．监控　　　B．抽样　　　C．座谈　　　D．调查

试题（54）分析

参考《系统规划与管理师教程》7.2.3 小节。

本题考查对服务测量的熟悉程度。服务测量方法包括：监控、评估、调查、座谈和抽样等。题面上未涵盖监控。

参考答案

（54）A

试题（55）

服务改进的关键要素和工作方向见下图，左侧空缺处应填写 （55） 。

（55）A．工具　　　　B．客户　　　　C．技术　　　　D．业务

试题（55）分析

参考《系统规划与管理师教程》7.4.2 小节。

本题考查对服务改进活动的熟悉程度。服务改进的关键要素其实就是服务四要素的知识点，应当填写"技术"。

参考答案

（55）C

试题（56）

服务台关键测量指标，不包括 （56） 。

（56）A．平均通话时间　　　　B．派单准确率

　　　C．录单率　　　　　　　D．变更成功率

试题（56）分析

参考《系统规划与管理师教程》7.2.2 小节。

本题考查服务台关键测量指标。服务台的关键测量指标包括接听率、派单准确率、录单率、平均通话时间。服务台不涉及变更过程，变更成功率为变更管理过程的测量指标。

参考答案

（56）D

试题（57）

根据 GB/T 29264—2012《信息技术服务 分类与代码》中所定义的信息技术服务的分类，对信息系统提供渗透性测试服务属于 （57） 运维服务。

(57) A. 基础环境　　　　B. 安全　　　　C. 软件　　　　D. 硬件

试题（57）分析

参考《系统规划与管理师教程》11.3.2 小节。

本题考查对 GB/T 29264—2012 信息技术具体分类的了解程度。安全运维服务是对信息系统提供的安全巡检、安全加固、脆弱性检查、渗透性测试、安全风险评估和应急保障等服务。

参考答案

（57）B

试题（58）

国家标准制修订的流程为___（58）___。

(58) A. 预阶段、立项阶段、起草阶段、征求意见阶段、审查阶段、批准阶段、出版阶段、复审阶段以及废止阶段

B. 预阶段、立项阶段、起草阶段、征求意见阶段、审查阶段、批准阶段、出版阶段

C. 立项阶段、起草阶段、征求意见阶段、审查阶段、批准阶段、出版阶段、复审阶段以及废止阶段

D. 起草阶段、征求意见阶段、审查阶段、批准阶段、出版阶段、复审阶段以及废止阶段

试题（58）分析

参考《系统规划与管理师教程》11.1.3 小节。

本题考查对国家标准制定阶段和流程的熟悉程度。国家标准制定的流程为预阶段、立项阶段、起草阶段、征求意见阶段、审查阶段、批准阶段、出版阶段、复审阶段以及废止阶段。

参考答案

（58）A

试题（59）

IT 服务营销过程中，___（59）___属于资源类的开支。

(59) A. 运维工具研发开支　　　　B. 运维流程管理开支

C. 备品备件管理人员开支　　　　D. 服务工程师开支

试题（59）分析

参考《系统规划与管理师教程》9.3.1 小节。

本题考查识别 IT 服务营销过程中的项目预算收入项和开支项，开支主要按照人员、资源、技术、过程来划分。C 项虽然也是人员，但一般将备品备件管理人员的开支核算到备品备件开支中，属于资源类开支，因此选 C。

参考答案

（59）C

试题（60）

A 公司对 2020 年的 IT 服务项目进行核算，2021 年应重点投资__(60)__。

项目名称	项目收入	人工开支	硬件开支	软件开支	场地开支	其他开支	项目投资总额
项目 1	160	8	2	1	0.6	0.5	120
项目 2	200	10	1.5	2	0.8	0.6	140
项目 3	2500	120	30	10	20	30	1500
项目 4	2900	100	30	20	10	50	1700

(60) A．项目 1　　　B．项目 2　　　C．项目 3　　　D．项目 4

试题（60）分析

参考《系统规划与管理师教程》9.3.4 小节。

本题考查衡量项目效益的指标。根据项目投入产出比公式 $R=K/IN=1:N$ 计算，R 为投入产出比，K 为项目投资总额，IN 为项目收入总额，N 值越大，经济效益越好。

项目 1　120/160=1：1.33

项目 2　140/200=1：1.43

项目 3　1500/2500=1：1.66

项目 4　1700/2900=1：1.705

根据项目投资回报率也可以衡量出投资效益，其公式：项目投资回报率=项目利润/项目投资总额×100%

项目 1（160–8–2–1–0.6–0.5）/120=147.9/120=1.232

项目 2（200–10–1.5–2–0.8–0.6）/140=185.1/140=1.322

项目 3（2500–120–30–10–20–30）/1500=2290/1500=1.526

项目 4（2900–100–30–20–10–50）/1700=2690/1700=1.582

参考答案

(60) D

试题（61）

关于 IT 服务外包发展趋势变化的描述，不正确的是__(61)__。

(61) A．企业需求从被动向主动转变

　　　B．部分外包向整体外包转变

　　　C．基础系统外包向应用系统外包转变

　　　D．专业服务外包向人员外包转变

试题（61）分析

参考《系统规划与管理师教程》9.4 节。

本题考查 IT 服务外包发展变化趋势。未来我国 IT 服务外包的发展趋势将表现的变化为：(1) 企业需求从被动向主动转变；(2) 部分基础系统外包向整体应用系统外包转变。D 为干扰项。

参考答案

（61）D

试题（62）

《信息技术服务质量评价指标体系》的质量评价模型中，属于服务质量特性的是__(62)__。

（62）A．可靠性　　　　B．可提升性　　　C．无形性　　　　D．可管理性

试题（62）分析

参考《系统规划与管理师教程》8.2.1 小节。

本题考查 IT 服务质量的属性分为 5 个特性。该体系的质量评价模型定义了服务质量的 5 类特性：安全性、可靠性、有形性、响应性和友好性。

参考答案

（62）A

试题（63）

IT 服务质量的可靠性评价指标中，__(63)__不属于其有效性评价指标。

（63）A．接通率　　　　　　　　　　B．及时响应率

　　　　C．首问解决率　　　　　　　　D．服务报告及时提交率

试题（63）分析

参考《系统规划与管理师教程》8.2.2 小节。

本题考查 IT 服务质量的可靠性评价，其有效性评价指标包括接通率、首问解决率、服务报告及时提交率和解决率。及时响应率属于响应性指标。

参考答案

（63）B

试题（64）

运维服务质量管理活动，在策划阶段主要的活动包括__(64)__。

①标准操作规范编写　②用户满意度管理　　③客户投诉管理
④质量教育　　　　　⑤配置运维团队成员　⑥体系内审和管理评审

（64）A．①②③④　　B．①③⑤⑥　　C．②④⑤⑥　　D．②③④⑥

试题（64）分析

参考《系统规划与管理师教程》8.2.3 小节。

本题考查 IT 运维服务质量管理活动。运维服务质量管理活动包括项目质量保证、用户满意度管理、客户投诉管理、日常检查、质量文化和质量教育、体系内审和审、SOP（标准操作规范编写）编写及配置运维团队为 IT 服务部署实施活动。

参考答案

（64）D

试题（65）

IT 运维服务风险识别的输入，主要包括 __(65)__ 。

①SLA　　　　　②范围说明书　　　　③风险管理计划
④风险记录　　　⑤组织过程资产　　　⑥环境及组织因素

(65) A. ①②③⑤⑥　　B. ①③④⑥　　C. ①②④⑤　　D. ②③④⑤⑥

试题（65）分析

参考《系统规划与管理师教程》8.3.2 小节。

本题考查 IT 运维服务风险识别的输入。风险识别的输入包括 SLA、范围说明书、风险管理计划、组织过程资产、环境及组织因素。风险记录属于风险识别的输出，因此选 A。

参考答案

(65) A

试题（66）

__(66)__ 不属于定量风险分析的输出。

(66) A. 实现成本和进度目标的可能性
　　　B. 已量化风险的优先级列表
　　　C. 低优先级风险的监视表
　　　D. 定量风险分析结果中的趋势

试题（66）分析

参考《系统规划与管理师教程》8.3.4 小节。

本题考查定量风险分析输出的基本概念，低优先级风险的监视表是定性风险分析的输出。

参考答案

(66) C

试题（67）

为了提供更好的服务，A 公司购置多个技术先进的运维工具。基于风险管理的角度，该应对措施属于 __(67)__ 。

(67) A. 分享　　　B. 转移　　　C. 避免　　　D. 开拓

试题（67）分析

参考《系统规划与管理师教程》8.3.5 小节。

本题考查风险处置计划的方法的机遇应对策略。机遇应对策略包括开拓、分享和强大。题干为桌面运维团队分配更多好的资源，使之可以提供更好的结果，是开拓策略。

参考答案

(67) D

试题（68）

自我发展管理中，个人规划五步法的正确步骤是 __(68)__ 。

(68) A. 确认自己的职业发展目标—分析自己掌握的知识和技能—分析自己的性格和偏好—分析自己掌握的或能够调配的资源—坚持不懈走下去

B. 确认自己的职业发展目标—分析自己的性格和偏好—分析自己掌握的知识和技能—分析自己掌握的或能够调配的资源—坚持不懈走下去

C. 分析自己掌握的知识和技能—分析自己的性格和偏好—分析自己掌握的或能够调配的资源—确认自己的职业发展目标—坚持不懈走下去

D. 分析自己的性格和偏好—分析自己掌握的知识和技能—分析自己掌握的或能够调配的资源—确认自己的职业发展目标—坚持不懈走下去

试题（68）分析

参考《系统规划与管理师教程》10.3.4 小节。

本题考查个人规划五步法。第一步，分析自己的性格和偏好；第二步，分析自己掌握的知识和技能；第三步，分析自己掌握的或能够调配的资源；第四步，确认自己的职业发展目标；第五步，坚持不懈走下去。

参考答案

（68）D

试题（69）

小孙通过系统规划与管理师资格考试后，得到公司的认可，将其职级由中级晋升至高级。该激励方式是参考马斯洛需求理论的 __(69)__ 。

(69) A. 安全需要　　　B. 感情需要　　　C. 尊重需要　　　D. 生理需要

试题（69）分析

参考《系统规划与管理师教程》10.3.2 小节。

本题考查马斯洛需求理论。该理论将人的需要划分为 5 种，依次为生理需要、安全需要、感情需要、尊重需要和自我实现。题干中小孙得到认可并升迁，满足尊重需要。

参考答案

（69）C

试题（70）

按照标准的涉及对象类型，可将标准划分为术语标准、符号标准、__(70)__ 标准等。

(70) A. 行业　　　B. 规范　　　C. 规程　　　D. 产品

试题（70）分析

参考《系统规划与管理师教程》11.1.2 小节。

本题考查对标准化知识的掌握程度。标准的划分分为适用范围、涉及对象类型和要求程度。标准的种类繁多，根据不同的目的或原则可以划分为不同的类别，即可排除 D 选项。

参考答案

（70）D

试题（71）

Information technology governance is a set of governance rules concentrating on IT systems and its performance and ___(71)___.

(71) A．risk control   B．quality control

    C．problem management   D．configuration management

试题（71）分析

参考《系统规划与管理师教程》13.13 节。

信息技术治理是专注于信息技术体系及绩效和风险管理的一组治理规则。

参考答案

(71) A

试题（72）

Business process is a series of activities completed by different ___(72)___, respectively doing their tasks, in order to achieve specific value objectives.

(72) A．machines   B．personnel   C．equipments   D．tools

试题（72）分析

参考《系统规划与管理师教程》13.5 节。

业务流程是为达到特定的价值目标而由不同的人分别供图完成的一系列活动。

参考答案

(72) B

试题（73）

IT service manager wants to know the following: How many Oracle 12c licenses do we have? ___(73)___ process will answer this question.

(73) A．ContinuityManagement   B．Configuration Management

    C．Incident Management   D．Change Management

试题（73）分析

参考《系统规划与管理师教程》6.5.5 小节。

题干中 IT 服务经理想要知道 Oracle 12C 有多许可，通过配置管理可以查到，配置管理须确保供方维护运行维护服务对象的必要记录。

参考答案

(73) B

试题（74）

___(74)___ is not a Service Desk activity.

(74) A．Registering Incidents

    B．Applying temporary fixes

    C．Relating an incident to a Known Error

D．Solving a Problem

试题（74）分析

参考《系统规划与管理师教程》6.3.3 小节。

服务台负责处理各种服务事件和服务请求，在某些请求更改时，作为整个 IT 部门与用户的联络点，记录并管理所有事件。选项 B 解决问题不属于服务台的职责范围。

参考答案

（74）D

试题（75）

___(75)___ process is responsible for tracing the underlying cause of errors.

（75）A．Capacity Management　　　　B．Incident Management

　　　　C．Problem Management　　　　D．Security Management

试题（75）分析

参考《系统规划与管理师教程》6.5.4 小节。

问题管理流程须确保供方通过识别引起事件的原因并解决问题，预防同类事件重复发生。

参考答案

（75）C

第14章 2021上半年系统规划与管理师下午试题I分析与解答

试题一（共27分）
  阅读下列说明，回答问题1至问题4，将解答填入答题纸的对应栏内。

【说明】
  某运维项目上个月未发生重大事故，但事故发生及事件恢复情况均不乐观。实际发生的事件次数为120件，其中超出服务协议约定恢复时间的事件数为90件。
  运维团队成员常用以下几个趣味"成语"的歪解相互打趣。该项目负责人小孙希望通过质量管理及风险管理降低这些现象带来的影响，以确保IT服务满足服务级别协议要求，最终获得用户的满意。

【问题1】（9分）
  结合案例中的成语及释义，请选择每张图片所暗含须要关注的IT服务评价指标（请将正确选项填写在答题纸的对应栏内）。

  ①服务记录的可追溯性　　②重大事故发生情况
  ③服务按时恢复的事件比例　　④服务的可用程度
  ⑤关键业务应急就绪度　　⑥及时响应率
  ⑦及时解决率　　⑧主动进行服务监控

  （1）"运愁维卧"须关注的IT服务评价指标是：___(1)___。
      A. ①②③④⑤⑥　　B. ②③④⑤⑥⑦　　C. ③④⑤⑥⑦⑧　　D. ①③④⑥⑦⑧
  （2）"唯唯诺诺"须关注的IT服务评价指标是：___(2)___。
      A. ①　　　　　　B. ①②　　　　　　C. ②③④　　　　　D. ④⑤⑥⑦

(3)"喜从天降"须关注的IT服务评价指标是：___(3)___。
　　A．①②③④⑤⑥⑦　　　　　　B．①③④⑤⑥⑦⑧
　　C．②③④⑤⑥⑦⑧　　　　　　D．①②③④⑤⑥

【问题2】（8分）
（1）结合案例，请计算服务按时恢复的事件比例。
（2）除"服务按时恢复的事件比例"指标外，请写出IT服务连续性的其他指标。

【问题3】（5分）
请简述常见的风险监控方法。

【问题4】（5分）
判断下列选项的正误（填写在答题纸对应栏内，正确的选项填写"√"，错误的选项填写"×"）。

（1）IT运维服务质量的评价来自于IT服务供需双方，因IT服务的无形性、不可分离性、差异性等特点，给量化带来了很大的不确定性和难点。（　）
（2）关于供方访问权限的控制率越接近于0越好。（　）
（3）风险管理计划是风险定性分析的输入，也是风险定量分析的输入。（　）
（4）在IT服务风险管理技术方面，会存在技术和服务对象不匹配的风险。（　）
（5）外部因素造成的风险能够控制，内部因素造成的风险只能规避或转移。（　）

试题一分析

本题重点考查监督管理的内容。

【问题1】

本题是概念选择题，希望考生通过几张趣味调侃运维服务的图片，分析质量管理评价指标：

- "运愁维卧"暗示突发事件的发生及突发事件的解决，可对应的IT评价指标包括重大事故发生情况、服务按时恢复的事件比例、服务的可用程度、关键业务应急就绪度、及时响应率、及时解决率。
- "唯唯诺诺"暗示服务过程要有记录，可对应的IT指标包括服务记录的可追溯性。
- "喜从天降"暗示突发事件的发生、解决，同时"扩容"暗示运维服务过程中需要主动运维和主动监控，可对应的IT指标包括重大事故发生情况、服务按时恢复的事件比例、服务的可用程度、关键业务应急就绪度、及时响应率、及时解决率、主动进行服务监控[①]。（参考《系统规划与管理师教程》8.2.2 小节）

【问题2】

本题是概念计算、问答题，该题考查考生服务按时恢复的事件比例计算公式的掌握及IT

[①] 本章提到的《系统规划与管理师教程》（ISBN 9787302476160）是全国计算机技术与软件专业技术资格（水平）考试指定用书，由清华大学出版社出版。

服务连续性的其他指标。（参考《系统规划与管理师教程》8.2.2 小节）

按时恢复的事件比例：X=1–A/B；A=超出服务协议约定恢复时间的事件次数，B=实际发生的事件次数；X=1–90/120=0.25。

【问题 3】

概念问答题，考查考生对常见的风险监控方法的掌握程度。（参考《系统规划与管理师教程》8.3.6 小节）

【问题 4】

本题是概念判断题。

（1）考查质量评价模型评价，IT 服务质量可以通过质量评价模型评价指标进行评价。（参考《系统规划与管理师教程》8.2.1 小节）

（2）考查 IT 服务评价指标，供方访问权限的控制率越接近 1 越好。（参考《系统规划与管理师教程》8.2.2 小节）

（3）考查风险定性分析的输入，风险管理计划是风险定性分析及风险定量分析的输入。（参考《系统规划与管理师教程》8.3.3 小节）

（4）考查 IT 服务奉献管理，在技术方面会存在采用发现问题的技术和服务对象不匹配的风险。（参考《系统规划与管理师教程》8.3 节）

（5）考查风险识别相关内容，内部因素造成的风险能够控制，外部因素造成的风险只能规避或转移。（参考《系统规划与管理师教程》8.3.2 小节）

参考答案

【问题 1】

（1）B

（2）A

（3）C

（每题 3 分，共 9 分）

【问题 2】

（1）按时恢复的事件比例：

$$X=1-A/B$$

其中，A=超出服务协议约定恢复时间的事件次数；B=实际发生的事件次数。

$$X=1-90/120=0.25$$

（公式正确给 1 分，计算正确给 1 分，共 2 分）

（2）重大事故发生情况、事故（不包括重大事故）发生情况、服务的可用程度、关键业务应急就绪度。

（每个 2 分，满分 6 分）

【问题 3】

（1）风险评估

(2)风险审计和定期的风险评审

(3)差异和趋势分析

(4)技术的绩效评估

(5)预留管理

(每条1分，共5分)

【问题4】

(1)×

(2)×

(3)√

(4)√

(5)×

(每个1分，满分5分)

试题二（共21分）

阅读下列说明，回答问题1至问题3，将解答填入答题纸的对应栏内。

【说明】

B公司为某银行客户服务超过10年，该银行X项目的重大故障率和可用性指标都逐年好转，但客户近两年的满意度并不高，甚至有降低的趋势。

公司委派小王针对该银行客户近几年的服务做回顾分析，争取进一步提高与客户的粘性。小王首先从内部发起回顾活动，然后与客户各部门进行沟通，发现以往与客户的交流总结缺乏对相关效果的及时评估，大家都是为了完成既定的沟通任务而沟通，对其有效性忽略无视。

【问题1】（6分）

为提高服务回顾的有效性，小王特制定如下服务回顾机制。请帮小王补充完整以下表格（请将①～③处的正确答案填写在答题纸的对应栏内）。

级别	内容	频率
一级	针对重大事件、特殊事件的沟通，包括服务内容变更、客户投诉等	①
二级	项目月度例会，向客户汇报当月服务情况，包括服务量、SLA达成率、当月重大事件等内容	每月度
三级	向客户汇报项目运营情况，包括服务数据分析、SLA达成率、客户满意度、服务改进计划等	②
四级	合作年度回顾，回顾项目的 ③	每年度

【问题2】（8分）

结合案例，请将④～⑦的正确选项填写在答题纸的对应栏内。

(1)以上四级服务回顾中，第三级回顾的参与者分别是：　④　。

A．小王、银行 X 项目接口人

B．小王、银行 X 项目接口人、银行 X 项目责任经理

C．小王、银行 X 项目接口人、银行 X 项目责任经理、银行 X 项目高层管理者

（2）下列不建议作为服务回顾形式的是__⑤__。

A．X 项目阶段内部会议

B．X 项目年度服务报告

C．第三方机构对该银行的意见收集

D．X 项目的支持团队关键人员绩效排名

（3）根据服务供需双方关注内容的不同，服务回顾的主要活动可以分为：__⑥__。

A．客户回顾、团队内部回顾　　　　B．管理层回顾、操作层回顾

C．业务团队回顾、交付团队回顾　　D．客户回顾、用户回顾

（4）服务回顾工作可与__⑦__会议一起举行。

A．项目启动会　　　　　　　　　　B．服务质量评审会议

C．人员职称评审会　　　　　　　　D．运维工具评审会

【问题 3】（7 分）

结合案例，请描述与客户进行服务回顾时需要涉及的内容。

试题二分析

本题重点考查服务回顾的相关内容，考生须全面多视角来综合分析并作答。

【问题 1】

概念填空题，考查四级服务回顾机制。（参考《系统规划与管理师教程》7.3.2 小节）

级别	内容	频率	参与者
一级	针对重大事件、特殊事件的沟通，包括服务内容变更、客户投诉等	（不定期按需沟通）	小唐、银行 X 项目接口人
二级	项目月度例会，向客户汇报当月服务情况，包括服务量、SLA 达成率，当月重大事件等内容	每月度	小唐、银行 X 项目接口人
三级	向客户汇报项目运营情况，包括服务数据分析、SLA 达成率、客户满意度、服务改进计划等	（每季度）	小唐、银行 X 项目接口人、银行 X 项目责任经理
四级	合作年度回顾，回顾项目的（整体事实交付情况）	每年度	小唐、银行 X 项目接口人、银行 X 项目责任经理、银行 X 项目高层管理者

【问题 2】

本题是概念选择题。

（1）考查服务回顾的机制。（参考《系统规划与管理师教程》7.3.2 小节）

（2）考查服务回顾的形式。（参考《系统规划与管理师教程》7.3 节）

（3）考查服务回顾的活动。（参考《系统规划与管理师教程》7.3.2 小节）

【问题 3】

本题是概念问答题,考查服务回顾活动中与客户团队回顾的内容。(参考《系统规划与管理师教程》7.3.2 小节)

参考答案

【问题 1】

①不定期按需沟通

②每季度

③整体实施交付情况

(每条 2 分,满分 6 分)

【问题 2】

④B

⑤D

⑥A

⑦B

(每条 2 分,共 8 分)

【问题 3】

(1)服务合同执行情况。

(2)服务目标达成情况。

(3)服务绩效(服务级别协议)、成果。

(4)满意度调查。

(5)服务范围、工作量。

(6)客户业务需求的变化。

(7)服务中存在的问题及行动计划。

(8)上一次会议中制订的行动计划的进展汇报。

(每条 1 分,满分 7 分)

试题三(共 27 分)

阅读下列说明,回答问题 1 至问题 4,将解答填入答题纸的对应栏内。

【说明】

A 公司运维服务部刚刚接管项目 S,老孙作为系统规划与管理师,全面负责项目 S 的服务管理工作。

项目金额大、工作量多、客户技术水平较差,现有运维团队人员无法支撑该项目,公司紧急扩招多名技术岗服务人员。为确保运维服务项目的完成,公司新采购一批运维工具,用于提高服务质量。

项目初期,项目团队逐渐暴露出以下问题:

(1)部分新员工年纪偏小、服务意识和工作经验不足、专业知识欠缺,面对大量的运维服务工作，新员工出现畏难情绪，尤其是技术难度大持续时间长的维护工作，更是无从下手，能拖就拖，已有2位技术岗的新员工离职。

（2）提交到运维管理工具里的待处理的事件无法顺利指派，长时间无法得到有效解决，老孙询问原因，多名员工表示不是自己负责范围，自己无法解决。即使指派成功，也未完整记录事件处理过程，无法知晓客户方对此次事件的处理是否满意。

（3）项目S启动2个月，知识库中知识条目一直没有新增，项目S的相关资料分散在各位老员工的电脑里，新员工无法第一时间获取项目S相关技术资料。

【问题1】（15分）

结合案例，请补充以下表格，完善IT服务团队应具备的特征，分别判断该团队特征的满足情况，并说明理由。

IT服务团队特征		项目S是否满足	理由
特征1	人员的岗位结构，分为管理岗、技术岗、操作岗，且团队成员相对稳定	不满足	
特征2			
特征3			
特征4			
特征5			

【问题2】（5分）

一个团队的绩效能否充分发挥，与最初的目标分解有很大关系，老孙在考虑IT服务团队管理目标分解时，应注意哪些要点？

【问题3】（4分）

（1）结合案例，请判断项目S的运维服务团队当前处于IT服务团队建设周期中___(1)___阶段。

    A．组建期（Forming）   B．风暴期（Storming）

    C．规范期（Norming）   D．表现期（Performing）

（2）老孙通过目标监控发现团队成员是因为"没有能力去做"而导致无法完成既定任务，改进措施是：___(2)___。

    A．通过进一步沟通让团队成员正确理解目标

    B．通过培训或传帮带的形式告诉团队成员该如何去做

    C．亲自私下与员工进行非正式沟通，仔细聆听员工目前遇到的问题

    D．想方设法为员工创造所需要的资源

【问题4】（3分）

结合案例，请指出IT服务项目团队在组建期的关键步骤。

试题三分析

本题重点考查 IT 服务团队建设与管理的知识点,及对于团队建设与管理的理论实际相结合。

【问题 1】

问答题,IT 服务团队具有以下 5 个特征:

(1) 人员的岗位结构分为管理岗、技术岗和操作岗,且团队成员相对稳定。

案例中的团队分为管理岗、技术岗和操作岗,由于已有新员工离职现象,所以团队成员相对不稳定。

(2) 需要较高的服务意识。

案例中的团队已出现工作推诿、缺少事件回访机制的问题,服务意识欠缺。

(3) 为了提高服务的质量,会使用专用工具。

案例中的团队使用专用工具,满足该特征。

(4) 工作具有周期性和重复性的特征,注重流程化和规范化。

从案例中的团队事件无法指派、事件处理过程不完整、知识库知识条目无新增可以看出没有注重流程化和规范化工作。

(5) 注重知识的积累和转移,以便主动发现问题及解决问题。

案例中的团队知识库的知识条目无新增、项目资料仍分散在员工计算机里,可以看出没有进行知识的积累和转移。(参考《系统规划与管理师教程》10.1 节)

【问题 2】

概念问答题,该题考查考生对团队管理目标分解的掌握程度。(参考《系统规划与管理师教程》10.3.1 小节)

【问题 3】

(1) 考查考生 IT 服务团队建设周期的掌握程度。(参考《系统规划与管理师教程》10.2.1 小节)

(2) 该题考查考生对团队管理目标监控掌握程度。(参考《系统规划与管理师教程》10.3.1 小节)

【问题 4】

概念问答题,该题考查考生对 IT 服务项目团队在组建期的关键步骤的掌握。(参考《系统规划与管理师教程》10.2.1 小节)

参考答案

【问题 1】

IT 服务团队具有以下 5 个特征:

IT 服务团队特征		项目 S 是否满足	理由
特征 1	人员的岗位结构,分为管理岗、技术岗和操作岗,且团队成员相对稳定	不满足	案例中的团队分为管理岗、技术岗,缺操作岗,且团队成员相对不稳定

续表

IT 服务团队特征		项目 S 是否满足	理由
特征 2	需要较高的服务意识	不满足	案例中的团队服务意识不足
特征 3	为了提高服务的质量，会使用专用工具	满足	为确保运维服务项目的完成，公司新采购一批运维工具，用于提高服务质量
特征 4	工作具有周期性和重复性的特征，注重流程化和规范化	不满足	缺乏事件管理，派单库困难，处理过程不完整缺乏知识管理，相关资料分散在各位老员工的电脑里
特征 5	注重知识的积累和转移，以便主动发现问题及解决问题	不满足	相关资料分散在各位老员工的计算机里

（每条 3 分；答出特征 1.5 分，是否满足 1 分，理由 1 分；共 15 分）

【问题 2】

（1）必须把团队的目标转化为员工的日常思想与行动，与员工的绩效考核挂钩。

（2）考虑现有资源情况和人力情况，如员工人数、IT 相关设备、软件构成等。

（3）必须服从并支撑于部门或组织的总体目标。

（4）个人目标应符合 SMART 原则，当发现执行过程有偏差时，应在整个团队范围内及时调整。

（5）一般短期目标以周、月目标为主，长期目标是指半年或一年以上，长、短期目标必须平衡。

（每条 1 分，共 5 分）

【问题 3】

（1）A

（2）B

（每题 2 分，满分 4 分）

【问题 4】

（1）了解现状

（2）稳定核心成员

（3）确定目标

（4）建立团队价值观

（每条 1 分，满分 3 分）

第15章 2021上半年系统规划与管理师下午试题Ⅱ写作要点

> 从下列的 2 道试题（试题一至试题二）中任选 1 道解答。请在答题纸上的指定位置处将所选择试题的题号框涂黑。若多涂或者未涂题号框，则对题号最小的一道试题进行评分。
> 解答应分摘要和正文两部分。在书写时，请注意以下两点：
> ①摘要字数在 300 字以内，可以分条叙述，但不允许有图、表和流程图。
> ②正文字数为 2000 至 2500 字，文中可以分条叙述，但不要全部用分条叙述的方式。

试题一 论 IT 服务应急响应管理

信息系统已经成为支撑业务发展的重要组成部分，但是信息系统很容易发生意外情况导致中断，需要建立完善的应急响应管理体系确保面临重大突发事件时在最短时间内解决相关问题，满足业务发展的需要。

请以"IT 服务应急响应管理"为题，分别从以下三个方面进行论述：

1. 概要叙述你参与过的某运行维护服务项目的基本情况（背景、目的、组织结构、周期、服务对象、服务方式、服务内容、交付成果等），并说明你在其中承担的工作。

2. 结合项目实际，论述你对应急响应管理的认识，可以包括但不限于以下方面：
（1）应急响应各阶段的工作内容；
（2）触发应急预案的重大突发事件；
（3）应急响应演练的具体活动。

3. 请结合论文中所提到的运行维护服务项目，介绍你是如何进行应急响应管理的，包括具体做法和经验教训。

写作要点：

第一部分评分要点：

论文结构合理、摘要正确、正文完整、语言流畅、字迹清楚。

所述 IT 服务工作真实可信，介绍得当。

第二部分评分要点：

论述的要点要覆盖题目要求的三个方面，但又不局限于这三方面。

1. 应急响应各阶段的工作内容。

（1）应急准备阶段的主要工作包括：组建应急响应组织，确定应急响应制度，系统性识别运行维护服务对象及运行维护活动中可能出现的风险，定义应急事件级别，制定预案，开展培训和演练。

（2）监测和预警阶段的工作包括：进行日常检测，及时发现应急事件并有效预警，进行核实和评估，已规定的策略和程序启动预案，并保持对应急事件的跟踪。

（3）应急处置阶段的工作包括：采取必要的应急调度手段，基于预案开展故障排查与诊断，对故障进行有效、快速地处理与恢复，及时通报应急事件，提供持续性服务保障，进行结果评价，关闭事件。

（4）总结改进阶段的工作包括：对应急事件发生原因、处理过程和结果进行总结分析，持续改进应急工作，完善信息系统。

2. 触发应急预案的重大突发事件的情形。

（1）自然灾害引起的对 IT 系统的灾难性破坏。

（2）网络通信设备、通信线路故障导致的 IT 系统的重大故障。

（3）电源、电路以及机房等基础设施故障导致 IT 系统的重大故障。

（4）IT 系统数据库、系统和存储、中间件故障导致的重大系统性故障。

（5）IT 系统发生网络攻击破坏，计算机病毒传播或被利用从事违法犯罪活动等引发的重大安全突发事件。

（6）应用系统发生重大故障。

（7）组织认为应采取应急机制的其他 IT 系统重大突发事件。

3. 应急响应演练的具体活动。

（1）演练启动。

（2）演练执行。

（3）演练结束与终止。

（4）应急演练评估与总结。

（5）成果运用。

（6）文件归档与备案。

（7）考核与奖惩。

第三部分评分要点：

根据考生的阐述以及总结的心得体会，确定其叙述的应急响应管理过程及活动是否符合所描述项目的实际情况，是否具有实际的应急响应管理经验。要求项目真实、逻辑清晰、条理清楚、论述得当。

试题二　论 IT 服务质量管理

IT 运维服务质量管理是为了保证 SLA 的完成，提高运维服务水平所做的一系列活动。

请以"IT 服务质量管理"为题，分别从以下三个方面进行论述：

1. 概要叙述你参与过的某运行维护服务项目的基本情况（背景、目的、组织结构、周期、服务对象、服务方式、服务内容、交付成果等），并说明你在其中承担的工作。

2. 结合项目实际情况并围绕以下要点论述你对 IT 服务质量管理的认识。

（1）运维服务质量管理策划的主要活动；

(2) 常见的质量实施和检查的活动;

(3) 基于 PDCA 实施方法进行运维服务质量改进的步骤。

3. 请结合论文中所提到的运行维护服务项目,介绍你是如何进行质量管理的(可叙述具体做法),并总结你的心得体会。

写作要点:

第一部分评分要点:

论文结构合理、摘要正确、正文完整、语言流畅、字迹清楚。

所述项目真实可信,介绍得当。

第二部分评分要点:

本部分应分别论述以下内容。

1. 运维服务质量管理策划活动内容:

(1) 确定运维服务质量目标;

(2) 确定运维服务质量管理的活动;

(3) 确定运维服务质量管理相关的职责和权限;

(4) 对确定的各类质量活动时间作出大致安排,或者确定频率周期。

2. 常见的质量实施和检查的活动包括:

(1) 进行满意度调查;

(2) 运维各项目质量保证工作实施;

(3) 内审;

(4) 管理评审;

(5) 日常检查;

(6) 质量文化培训。

3. 基于 PDCA 实施方法进行运维服务质量改进:

(1) 明确问题;

(2) 掌握现状;

(3) 分析问题产生的原因;

(4) 拟定对策并实施;

(5) 确认效果;

(6) 防止问题再发生并标准化;

(7) 总结。

第三部分评分要点:

根据考生的阐述以及总结的心得体会,确定其叙述的质量规划、实施检查活动、改进步骤是否合理,是否符合所描述项目的实际情况,是否具有实际的质量管理经验。要求项目真实、逻辑清晰、条理清楚、论述得当。